包君成鉴赏课

中国文物之美

包君成——编著

台海出版社

图书在版编目（CIP）数据

包君成鉴赏课：中国文物之美 / 包君成编著．--北京：台海出版社，2022. 7

ISBN 978-7-5168-3346-9

Ⅰ．①包… Ⅱ．①包… Ⅲ．①文物—鉴赏—中国 Ⅳ．① K87

中国版本图书馆 CIP 数据核字（2022）第 120283 号

包君成鉴赏课：中国文物之美

编　　著：包君成

出 版 人：蔡　旭
封面设计：异一设计
责任编辑：姚红梅

出版发行：台海出版社
地　　址：北京市东城区景山东街 20 号　邮政编码：100009
电　　话：010-64041652（发行，邮购）
传　　真：010-84045799（总编室）
网　　址：www.taimeng.org.cn/thcbs/default.htm
E-mail：thcbs@126.com

经　　销：全国各地新华书店
印　　刷：三河市中晟雅豪印务有限公司
本书如有破损、缺页、装订错误，请与本社联系调换

开　　本：710 毫米 × 1000 毫米　1/16
字　　数：240 千字　　　印　　张：18
版　　次：2022 年 7 月第 1 版　　印　　次：2022 年 7 月第 1 次印刷
书　　号：ISBN 978-7-5168-3346-9

定　　价：88.00 元

序

提起文物，人们的第一反应好像都是博物馆里的那些瓶瓶罐罐。据说它们个个是连城之璧、无价之宝，是当之无愧的“国之重器”；据说它们个个精美绝伦、雅趣盎然，是举世公认的艺术精品。可对于孩子们来说，它们总是高冷神秘、深不可测，或者“死气沉沉”。总之，你把这些国宝说得越是“高大上”，它们就越显得冰冷而安静，也就距离孩子们有趣的生活越遥远。

可如果我们换个方式来介绍文物呢？比如跟孩子们聊聊这些话题：

你听过用两千多年前的乐器演奏的现代音乐吗？

乾隆皇帝为什么会为了一个喂狗粮的盆子写诗？

刘备的先祖是怎么使用环保灯的？

“中国矛王”是张飞用的丈八蛇矛吗？

中国第一位女将军是谁？

都说我们是龙的传人，可龙是从哪儿来的呢？

“中国”这个词最早是从哪里来？

这些看似有点稀奇古怪的问题，其实，我们都能在本书中的文物里找到答案。

文物并没有看起来那样冰冷，每一件都自带温度，这温度源自它们深藏不露的故事，源自故事背后蕴藏的中华文明密码与中华文化底蕴。

出土了金缕玉衣和长信宫灯的西汉中山靖王刘胜墓，最初是因为解放军战士进行一场爆破时，突然有人随着碎石沉了下去，然后眼前就出现了一个漆黑的洞口，由此开启了大墓。这过程，简直就是一部探墓小说。当年为了防止毛公鼎被劫持到海外，爱国志士曾斗智斗勇，那场面足够拍成一部情节跌宕起伏、扣人心弦的电视剧。还有许多看起来让人感到震撼甚至难以置信的文物。比如在我国北朝的墓葬里，埋藏着一把由中亚人制造的波斯风格的鎏金银壶，而上面的图案讲的竟然是古希腊的神话，那感觉就像是经历了一场蒙太奇。我们在许多游戏、小说、影视剧里见到鱼肠、巨阙、湛卢、胜邪、纯钧等上古神剑，其实现实世界里真的有一把与之齐名的宝剑，其主人就是“卧薪尝胆”的越王勾践。我们发明的一个小小的马镫，最终竟然推动了整个欧洲社会形态的变革。这些新鲜、离奇又有趣的故事，都深深刻在文物的基因里。

文物之所以称为文物，既是“纹饰”之“纹”，又是“文明”之“文”。文物上的纹饰之美是艺术之美，它们穿过千百年的历史，仍以不朽的审美价值，陶冶着我们的情操。文物中深深蕴藏的文明密码是文明之美，它们承载着中华文明上下五千年的历史，传承着中华民族的光辉与灿烂。

总而言之，文物是活的，是有生命的，不是静静躺在博物馆里的。对于中国的孩子来说，欣赏文物之美，感受中华文明的源远流长与中华文化的博大精深，是陶冶情操的必修课，也是了解中华传统文化最直观形象的方法。而欣赏与感受的途径，就是文物背后那一个个鲜活动人的故事。

让我们一起走近中国文物，欣赏中国文物之美，爱上中国文物！

目录

第二章 言念君子，温其如玉：中国玉器之美 43

第三章 国之重器，举世无双：中国青铜器之美 81

第一章 雨后霁霞，云破天青：中国陶瓷之美

导语

陶瓷，包括陶器和瓷器。在中国古代，陶瓷业非常发达，优质陶瓷器远销世界各地。

早在一万年前，先民们就掌握了制作陶器的工艺。他们将泥土捏塑成想要的模样，打磨表面，制成泥坯；泥坯再经过高温烧制，最终成为形态各异的陶器。经过漫长的历史演变，到了唐代，终于出现了以唐三彩为代表的陶器巅峰。

大约在公元前 16 世纪的商代，中国出现了早期瓷器。制造瓷器的要求更高，塑造泥坯的泥土为专门的高岭土等瓷土，烧制瓷器的温度要在 1100℃以上。瓷器不仅看起来温润透亮，敲击时更能发出清脆悦耳的声音。宋代，瓷器业进入最繁荣的时期，当时名瓷名窑遍及大半个中国。从此，瓷器和丝绸一样，成为中国驰名海外的一张精致名片。

壹 炎黄祖先的彩陶遗迹 仰韶文化人面鱼纹彩陶盆

【国宝档案】

名称：仰韶文化人面鱼纹彩陶盆

年代：仰韶文化早期，前 4900—前 3800 年

规格：高 16.5 厘米，口径 39.8 厘米

材质：陶

出土时间：1955 年

出土地：位于今陕西省西安市灞桥区半坡遗址

文物保护：2013 年列入《第三批禁止出境展览文物目录》

收藏地：中国国家博物馆

仰韶文化人面鱼纹彩陶盆（中国国家博物馆藏）

中国最早的绘画作品

1953 年，考古工作者在位于今陕西省西安市灞桥区的半坡路一带，发现了一处史前人类的生活遗迹。此后的数年里，考古工作者对这片遗迹先后进行了五次发掘，发现了大量珍贵的文物。其中最重要的，就是这件人面鱼纹彩陶盆。

人面鱼纹彩陶盆用泥质的红陶烧制而成。陶盆盆口的直径为 39.8 厘米，在盆口有一圈扁平的盆沿。陶盆高 16.5 厘米，算不上深，里面呈弧形。盆底接近于平坦。总的来说，从陶盆的外观上看，与我们今天使用的各种盆差别并不大。

引人注目的是陶盆的图案。在红色的陶盆上，当时的人们用黑彩描绘了大量图案。首先是盆沿，断断续续画了很多黑色的带子，它们与陶盆自身的

仰韶文化人面鱼纹彩陶盆中绘制的人面鱼纹

红色相互配合，共同组成一条红黑相间的彩带。

更有意思的是，陶盆里面用黑彩画着两组对称的人面鱼纹。

人面的轮廓是十分规则的圆形。人面的头顶上，有一个类似于发髻的全黑的三角形；在“发髻”外侧，勾画着鱼鳍状的装饰物。人面前额的右半部完全涂黑，左半部则用黑色涂了一个半弧形，有人说这是眉毛。前额之下，人面的双眼已经眯成两条直线，似是闭目的样子。鼻梁挺直，呈一个倒立的“T”字形。嘴巴呈漏斗状，嘴边左右还各有一条变形的鱼纹。鱼的头部是三角形的，紧贴在人面的腮部，就像是这个人一口叼住了两条大鱼。在人面耳朵的位置，左右也各有一条小鱼。这样，一个人面和四条小鱼，就共同构成了一组人面鱼纹的合体图案。这样的人鱼合体图案，对称地画了两组。两组图案之间，还画着相互追逐的大鱼。

人面鱼纹巧妙地把人面和鱼纹组合起来，整个画面生动形象，显示了我们的祖先那独特的构思和艺术想象力。甚至有学者说，这是中国迄今为止发现的最早的绘画作品。

彩陶工艺

早在一万年前，中国的先民就掌握了制陶工艺。不过，那时的制陶技术还相当原始，制作出的陶器也非常粗糙。

在距今约八千年前，人们逐渐掌握了新的技术。他们先选择适合的陶土，制作成橙红色的陶坯；后将陶坯的表面打磨光滑，用天然矿物质颜料在上面绘制图案；最后，将这些陶坯送入窑中烧制。一件件带有彩绘的红色陶器就这样诞生了，被称为“彩陶”。

又过了一千年，彩陶的制作技术日益成熟，成为仰韶文化的标志性器物。人们开始通过在彩陶上彩绘，表达自己独特的审美情趣和观念。人面鱼纹彩陶盆就是在这样的背景下诞生的。

神秘的人面鱼纹图案

居住在半坡一带的史前先民，为什么要在陶盆上绘制人面鱼纹的图案呢？难道只是为了让陶盆更美观、更漂亮？

有这种可能。比如有的学者就认为，人面可能画的是一个快乐少年。这少年正把脸探进水中，与小鱼玩耍。小鱼们好奇地围绕着少年的头部游来游去，甚至还大着胆子去“亲吻”少年。人面之所以双目紧闭，是因为这位少年正在享受着与小鱼玩耍的快乐，享受着大自然带给自己的美好。从这个角度来说，人面鱼纹的图案正源自先人的生活，是他们对美的一种体验和表达。

不过，更多的学者认为，人面鱼纹的图案绝不会这么单纯，图案背后的内涵，可能正反映着半坡先人某种宗教色彩浓厚的崇拜情结。

人面鱼纹彩陶盆有近七千年的历史，那时的中国还处于原始社会的新石器时期。当时人类的寿命非常短，平均只有十来岁，因此各个氏族部落都十分重视人口繁衍。可由于科技水平低下，人类根本搞不清楚自己是如何繁衍的，因而原始人类对生殖有着谜一样的崇拜。不仅在中国，在世界的各个角落，只要有过原始人类的地方，都曾留下人们对生殖崇拜的遗迹。

中国古代的原始人类发现鱼具有超强的繁殖能力，因而对鱼非常崇拜，这种崇拜后来演变成一种习俗。比如在《诗经》、《楚辞》、古诗、民谣里，鱼象征着女性，往往隐喻着情侣或爱人；直到今天，鱼还有福孙满堂的美好寓意。

正因如此，包括闻一多、李泽厚等大师级学者在内，不少专家认为人面鱼纹图案与这种生殖崇拜息息相关，代表着半坡先人乞求多子多福、人口繁盛的美好心愿。

当然，生殖崇拜也只是对人面鱼纹内涵众多解释中的一种。除此之外，有研究者认为，人面鱼纹其实是半坡一带氏族部落的图腾。还有人说，这个图案是原始人类对自己祖先形象的想象，他们根据自己的样子，再加上鱼的躯体，把祖先描绘成半人半鱼的形象，这就和传说中人面蛇身的伏羲和女娲有异曲同工之妙。也有人说，人面鱼纹画的是一位大法师。这位法师梳着冲天的发髻，戴着高高的礼帽，脸上还戴着面具，具有极强的神秘感。之所以会有这样的结论，是与陶盆的特殊用途分不开的。

当你看到这个陶盆时，会觉得它是干什么用的呢？相信大多数人都会认为，这是用来盛东西的器具，可以盛食物、盛水……但事情可能并没有这么简单。其实，这种人面鱼纹彩陶盆出土的不止这一件，众多人面鱼纹彩陶盆有一个共同特点——底部往往钻有小孔。显然，这样的陶盆不是用来盛水的。学者们认为，人面鱼纹彩陶盆可能还是一种特制的葬具，用来作为埋葬小孩的瓮棺盖。

瓮棺，是新石器时代一种特殊的葬具。当时，每当有人去世时，身边的亲人就会用瓮、缸一类的容器来安放死者，人面鱼纹彩陶盆可能就是扣在这些瓮缸上面的盖子。这类瓮缸和人面鱼纹彩陶盆一样，都是用彩陶工艺制成。

最著名的瓮棺，要数在位于今天河南省汝州市的阎村遗址发现的鹳鱼石斧图彩陶缸。这件陶缸总高 47 厘米，口径 32.7 厘米，底径 19.5 厘米，缸身外侧绘制着鹳鱼石斧图。这幅图高 37 厘米，宽 44 厘米，是迄今中国发现最早、面积最大的一幅陶画。人面鱼纹彩陶盆和鹳鱼石斧图彩陶缸现在都收藏在中国国家博物馆，均属于我国禁止出国（境）展览文物，可见它们的珍贵性。

无论是作为瓮棺的陶瓮、陶缸，还是作为盖子的陶盆，最初都只是人们在日常生活中使用的用具。只是由于后来瓮棺葬成为当地的一种风俗，才产生了像人面鱼纹彩陶盆和鹳鱼石斧图彩陶缸这样，为了墓葬专门制作的瓮棺葬具。这种“专门制作”就突出表现为盆底、瓮底和缸底中央的小孔。

与人面鱼纹彩陶盆相同，鹳鱼石斧图彩陶缸的底部中央也有一个小孔。在时人的眼里，这个小孔意义非凡，是方便小孩儿灵魂自由出入的通道。从这个意义上讲，人面鱼纹彩陶盆中的人面鱼纹图案确实可能是一位大法师，他的任务就是为了给这些去世的孩子们招魂。

无论怎样，半坡人在陶盆中绘制的人面鱼纹，是他们在对生活环境长期观察的基础上，通过想象和艺术加工而展现出来的。

仰韶文化鹳鱼石斧图彩陶缸（中国国家博物馆藏）

穿越七千年的文明之美

经过几十年的考古发掘，考古工作者已经在陕西境内发现了不少件人面鱼纹彩陶盆，发现这些陶盆的遗址均属于仰韶文化半坡类型。

1921 年，瑞典地质学家、考古学家安特生在位于今河南省三门峡市渑池县的仰韶村发现了一个古人类文化遗址，便将它命名为“仰韶文化”。后来，人们发现，这是中国在新石器时代最重要的考古学文化，分布范围非常广，主要包括黄河中下游地区及其边缘地区，年代大约在公元前 4900 年至前 2900 年，存在了至少两千年，对我国北方产生了巨大影响，因此，人们也将这一时期称为“仰韶时代”。

仰韶文化虽然最早被发现于河南，它的起源地却在陕西。陕西是中华文明的发祥地之一，这片依托于渭河的肥沃土地，孕育了辉煌灿烂的中国古代文明。制造出人面鱼纹彩陶盆的半坡先民，便是仰韶文化的开创者。他们生活在河谷地带，过着以农业生产为主的定居生活，同时兼营采集和渔猎。人面鱼纹的彩绘，显然离不开他们在渭水打鱼的生活场景。

有意思的是，不仅在考古文化里，就是在传说中，陕西也是中华民族的重要发源地之一。传说，炎帝和黄帝是我们中华民族的重要祖先，大名鼎鼎的《史记》就是从此二位写起的。据说他们最初也生活在陕西。时至今日，陕西还有全国最知名的炎帝陵和黄帝陵。

仰韶文化的发源地与炎黄二帝的发源地同在陕西，这恐怕并不是巧合。不少学者甚至认为，以半坡遗址为代表的早期仰韶文化，就是传说中的炎帝氏族开创的。如果真是这样，那么人面鱼纹彩陶盆就真的是炎黄祖先留给我们的珍贵遗物了！

你看，一件小小的陶盆，便将数千年的历史拉到了你的面前，将虚无缥缈的古老传说和触手可及的真实世界放到了你面前。文物之美，不仅展现古人独特精神风貌的审美情趣之美；更是穿越时空，连接过去、现在与未来的文明之美。

贰 唐三彩上的羌笛胡笳 唐代陶骆驼载乐舞三彩俑

【国宝档案】

名称：唐代陶骆驼载乐舞三彩俑

年代：唐代前期，唐玄宗开元十一年（723 年）以前

规格：骆驼头高 58.4 厘米，首尾长 43.4 厘米，舞俑高 25.1 厘米

材质：釉陶

出土时间：1957 年

出土地：位于今陕西省西安市未央区鲜于庭诲墓

文物保护：2013 年列入《第三批禁止出境展览文物目录》

收藏地：中国国家博物馆

骆驼背上的高妙艺人

提起唐代，很难避开唐明皇与杨贵妃的故事。史书里曾记载了这样一个故事。一次，唐明皇和杨贵妃闹了矛盾，一气之下将其遣送宫外，可后来又因为太过想念，又把贵妃接了回来。为了哄贵妃开心，唐明皇特别下诏，让长安城东市和西市（城中的大市场）里的乐舞杂技班子速速进宫，参加演出。这些乐舞杂技班子的节目精彩纷呈，有盘杯伎、吞剑伎、猕猴缘竿伎、载乐骆驼……看名字也能知道，分别是转盘子的、吞剑的、耍猴的和在骆驼上做声乐表演的。

“载乐骆驼”就和我们下面要介绍的这件国宝文物有关。依史书载，骆驼要驮上四名乐工，吹拉弹唱；同时还有一名舞蹈演员，站在骆驼背上翩翩起舞。据说杨贵妃特别喜欢这个节目，每次看了都高兴不已。

唐代陶骆驼载乐舞三彩俑（中国国家博物馆藏）

可有很长一段时间，大家都觉得这是写书的人在吹牛。众所周知，骆驼力气大，驮着五个人倒不是什么问题。问题是，骆驼背部有一到两座高耸的驼峰，空间有限，四个乐工在上面吹拉弹唱已经够拥挤了，哪还有地方让剩下那名舞蹈演员载歌载舞呢?

1957 年，这个困惑终于被陶骆驼载乐舞三彩俑解开了。

一天，中国社会科学院考古研究所突然接到西安市文物部门的电话，说西安市三桥镇南何村的西北处有一座古墓，已经快塌了，亟须保护。西安的文物部门就建议，和考古研究所组成联合考察队，对这座古墓进行保护性的发掘。考古研究所二话没说，当即派出工作人员飞往西安。在双方的共同努力下，这座古墓终于被保护了下来，大量珍贵文物也在保护性挖掘中重见天日，其中最受瞩目的一件，就是陶骆驼载乐舞三彩俑。

这尊陶俑造型优美，设计巧妙。骆驼昂首挺立，在它的背上放置着一个近似于马鞍、没有护栏的木台。木台的四个角落分别坐着四名男子，有的是汉人，有的是高鼻深目、留着大胡子的胡人。其中一人手中拨奏着琵琶，另外三人手里本也拿着各自的乐器，可由于此前砖墓坍塌，三人的乐器早已被砸得支离破碎，不见踪影了。据著名考古学家夏鼐先生考证，这三人应该是一人吹奏筚篥（一种簧管乐器），两人敲击羯鼓。从四个人手里的乐器来看，他们都是乐工，演奏的都是当时少数民族的音乐。四名乐工面朝外向而坐，在他们的“包围”中，那名身着绿袍的胡人右臂胸前弯曲，左手在腰间甩袖，正神情专注地跳着舞。陶俑巧妙地夸张了人与驼的比例，重点突出了四位乐工和一位舞蹈演员，惟妙惟肖。驼背空间如此狭小，五位艺人却在这完全没有围栏的平台上载歌载舞，挥洒自如。要不是有这样的文物，如此高超的平衡技巧令人难以想象。

此情此景，不禁让人恍然大悟：哦！这就是传说中的“骆驼载乐”！

骆驼载乐背后的盛唐气象

骆驼载乐，可谓是集合了乐舞、杂技和马戏三种不同的节目。在台下，骆驼早就经过训练，能够很好地配合艺人们完成表演。艺人们个个身手敏捷，

唐代陶骆驼载乐舞三彩俑局部

不仅要在骆驼身上舞蹈、奏乐，还要玩杂耍，表演各种高难度动作。

骆驼来自西域，所以骆驼载乐自然少不了异域风情。就像陶骆驼载乐舞三彩俑里表现的那样，参与表演的艺人不仅有汉人，还有大量胡人。盛唐时期，丝绸之路上车水马龙，大量中亚商人、艺人长途跋涉，来到长安。他们有的临时住在这里，有的干脆就此定居。这些人有着各自不同的信仰、不同的风俗，这些信仰和风俗受到汉人的尊重。唐朝官府甚至专门设立了一个叫“萨宝府”的机构，用来管理长安城中的胡人事务。于是，在繁花似锦的长安城里，各种文化元素相互碰撞、相互交融，充满了一种散发着自信的兼容并包的盛唐气象。

从单色陶器到唐三彩

陶骆驼载乐舞三彩俑之所以能够表现真实的骆驼载乐，是因为当时制作唐三彩的工艺已经炉火纯青，能够制作结构如此复杂的艺术品。不过，除了造型生动巧妙，大家也一定发现了，跟前面介绍的那件人面鱼纹彩陶盆相比，陶骆驼载乐舞三彩俑虽也是陶器，带个“彩”字，但前者的“彩”只是单一的色彩——红色，而后者却是真正五颜六色的“彩”，且色泽光鲜明亮。

从沉闷的单色到明亮的彩色，这背后有着数千年的历史进程。

我们今天拿起一件陶瓷器，会发现它的表面光滑明亮，就像是裹了层玻璃一样。这层“玻璃”就叫釉。制作陶器时，按照一定比例把矿物原料调制成釉浆，涂抹在陶土上，经过烧制，最后就形成了釉。早在商代，我们的祖先就已经会烧釉了，这样的陶器明显要比仰韶文化的彩陶“高大上”许多。可从商代到唐代，两千年间，人们仍然习惯于单色釉。

到了空前繁荣的唐代，这个古老的传统终于发生了变化。当时，长安（今西安）和洛阳是首屈一指的国际大都市，后来扬州又成为富庶的商业中心。随着经济的发达，人们的生活水平越来越高，审美眼光也越来越高。传统的单色釉略显单调，不再能满足人们的需要。

于是，工匠们开始在釉色上打起了主意。人们发现，用铜、铁、钴、锰等各种金属矿物做着色剂，同时用石英和铅粉做助熔剂，在经过800℃—900℃的烧制后，就能烧出各种不同颜色的釉。特别是如果按照不同比例来搭配金属，最后就能成功烧出褐红、橙黄、淡青、翠绿、深绿、天蓝、褐色、茄紫等釉彩。

由于唐代墓葬出土的这类五颜六色的陶器，以黄、绿、白三色最为普遍，因此学者们便将其命名为“唐三彩”。

接地气的绝代艺术品

史书中关于唐三彩的记载特别少，在洛阳邙山唐墓三彩俑出土之前，人们几乎不知道有唐三彩的存在。直到近代，随着唐三彩的出土，以及西方人、日本人的重视，唐三彩才逐渐引起了国人的高度重视。

和历朝历代喜欢做成瓶瓶罐罐、盆盆碗碗的那些陶瓷器不同，唐三彩大多以人俑、动物、家禽等为造型。

唐三彩的人俑取材相当广泛，除了陶骆驼载乐舞三彩俑里表现的乐工、舞蹈演员等艺人外，还有侍女、士兵、官吏等。与陶骆驼载乐舞三彩俑里的艺人一样，这些唐三彩的人俑形象既有汉人也有胡人。胡人大多头戴尖顶帽、身穿开领衣，手里拿着具有异域风情的胡瓶，背着行囊，一看就是跋山涉水、远道而来的商人。

人俑的另一大群体是女性。唐代世风开放，女性的社会地位相对没有后世那么卑微。唐三彩人俑中的女俑，就展现了当时女性自信、阳光的一面。她们有的身着襦裙，袒胸露乳；有的女扮男装，英气逼人。伎乐俑载歌载舞，活泼可爱；仕女俑高髻艳妆，体态丰腴；更有骑马女俑，英姿飒爽，巾帼不让须眉。这些都是那个时代包容开放的真实见证。

唐三彩动物俑中，最常见的就是马和骆驼。马俑通常体格健硕、构造复杂，眼睛、耳朵、筋骨、肌肉等部位被精雕细琢，一匹匹宝驹生机勃勃。有的马俑四蹄腾空，动如闪电；有的马俑前蹄扬起，恍若飞奔；也有的马俑或三蹄落地，悠闲散步；或四蹄踏地，安然待命。

相较于虎虎生威的马俑，骆驼俑就显得沉稳多了。像陶骆驼载乐舞三彩俑这样的骆驼俑在唐代非常流行，这些骆驼不仅会驮着艺人、胡族商人、琳琅满目的商品，还驮着大匹大匹的丝绸。这不禁让人遥想当年，一队队胡人商旅牵乘着骆驼，穿越浩瀚如海的沙漠，在丝路旅途中披星戴月、风餐露宿的场景。

除了马俑和骆驼俑，唐三彩中还有一种更特殊的“神兽”俑。这种神兽通常头长两角，青面獠牙，极具震慑力。之所以长得如此凶残，是因为它们有着重要的使命——镇守陵墓。其实，唐三彩固然漂亮，却都是明器，全是用于下葬的。这或许就是史书很少记载，而今人只能从地下发现它们的原因。

被今人视为无价之宝的唐三彩，在唐代却是一种非常接地气的物品。由于制作原料随处可见，工匠们就地取材即可烧造，因而唐三彩的价格并不昂贵，稍微富裕点的家庭都能买得起。而且，唐三彩鲜艳明亮、造型多样，也深受当时人们的喜爱。就是在这样的背景下，唐三彩在唐代迅速发展，大放异彩。它凭借独特的工艺特点和艺术造型，以及所反映的真实唐代风貌，在精品云集的陶瓷圈独步天下，在瓷器面前也丝毫不落下风。陶骆驼载乐舞三彩俑可说是唐三彩最高技艺的代表之一，和众多唐三彩制品一起，在中国艺术发展史上留下了辉煌的一笔。

唐三彩女立俑（北京故宫博物院藏）

千峰碧波翠色来
北宋汝窑青瓷无纹水仙盆

【国宝档案】

名称：北宋汝窑青瓷无纹水仙盆

年代：北宋后期，宋哲宗元祐元年（1086 年）至宋徽宗崇宁五年（1106 年）

规格：高 6.9 厘米，横 23 厘米，纵 16.4 厘米，口径 23 厘米

材质：瓷

收藏地：中国台北故宫博物院

北宋汝窑青瓷无纹水仙盆（中国台北故宫博物院藏）

传说中的“狗食盆”

在清朝的宫廷里，曾经收藏着一件汝窑青瓷无纹水仙盆。盆呈椭圆形，口沿外倾，深壁平底，盆底四足为如意云头形。盆的四壁比较薄，底足却比较厚。整个瓷盆造型典雅大气，釉色均匀莹润，色泽温润素雅，给人一种雨过天晴后宁静开朗的舒适感。

让人大跌眼镜的是，这样精美的器物传说在当时是用来盛粮喂狗的。这还得从乾隆皇帝的一首诗说起。

在汝窑青瓷无纹水仙盆的底部，刻着乾隆皇帝的一首御制诗，还钤着两枚印，那是乾隆皇帝下旨特意刻上去的。诗是这样写的：

官窑莫辨宋还唐，火气都无有葆光。
便是讹传猧食器，蹴枰却识豢恩偿。
龙脑香薰蜀锦裾，华清无事饲康居。
乱棋解释三郎急，谁识黄虬正不如。

诗名叫《猧（wō）食盆》，“猧”是小狗的意思。诗的重点是前四句，先来看“官窑莫辨宋还唐，火气都无有葆光”，大意是：官窑烧制的瓷器不要管是宋代的还是唐代的，现在已经没有火气了，却仍有让人很舒服的光泽。“官窑”和我们这件汝窑青瓷无纹水仙盆中的“汝窑”一样，是宋代五大名窑之一，文后会细说。官窑的瓷器有点发灰，汝窑的瓷器稍微发蓝，非专业人士难以辨别，乾隆皇帝这里可能是搞混了。“火气都无”是专业术语，大体是说这件瓷器时间久了，是对老窑瓷器的一种特殊赞美。“葆光”说的是瓷器表面那种光泽，有点类似于文玩爱好者口中的“包浆”。再看“便是讹传猧食器，蹴枰（cù píng）却识豢（huàn）恩偿”，是说这件瓷盆是过去以讹传讹的给小狗装狗粮的碗，小狗吃了狗粮，上了秤，发现自己长胖了，因而知道向喂养自己的主人感恩。乾隆皇帝是想借着说小狗对主人感恩，来旁敲侧击臣子要对自己感恩吗？

不管乾隆皇帝写诗的动机是什么，可以肯定的是，他并不认为这件水仙盆真是用来喂狗的。“便是讹传猧食器”便告诉大家，所谓“狗食盆”只是谣传而已。在《御制诗三集》收录此诗时，他还特别加了一个注释，“俗或谓之太真猧食盆”，也就是有人俗称“水仙盆”为“猧食盆”。

从“狗食盆”到水仙盆

众所周知，乾隆皇帝是个特别喜欢附庸风雅之人，一辈子写了近五万首诗，却几乎拿不出一首让人拍案叫绝的作品；遇到丹青翰墨，不仅要在上面题诗，还到处盖章，结果被后人讥讽。但他对国宝文物并非一窍不通，比如对这件汝窑青瓷无纹水仙盆，他是摩挲把玩、爱不释手，知道这是件好东西，

北宋汝窑青瓷水仙盆木座（中国台北故宫博物院藏）

便于乾隆十年（1745 年）五月下旨，要给水仙盆配上一个紫檀木座。

木座的造型非常别致，还带有抽屉。拉开抽屉，就可以看到内置的《乾隆御笔书画合璧》册。图册共有八开，每开一幅，内为乾隆皇帝临摹“宋四家”（北宋四位顶级书法家）苏轼、黄庭坚、米芾和蔡襄的尺牍、题跋、画作，使这件讹传中的“狗食盆”有了新的精神内涵。

既然不是“狗食盆”，那么水仙盆到底是用来做什么的呢？

此盆是宋人烧制，现在已很难确定当时人们是用它来做什么了。所幸在清代宫廷画中，我们还时不时能看见这些水仙盆的身影。如北京故宫博物院收藏着一套清初绘制的《十二美人图》，其中第一幅《博古幽思》中，就有作为摆件摆放在多宝格中的水仙盆。又如同样是由北京故宫博物院收藏的《乾隆皇帝是一是二画》中，依然能够找到作为摆件的水仙盆。

独一无二、举世无双

综上所述，同学们会不会觉得汝窑的水仙盆在清宫里随处可见？然而，这只是一个错觉。

雍正七年（1729 年），雍正皇帝命宦官刘希文和王太平对宫中的汝窑瓷器做了一次大调查。结果显示，当时宫中的汝窑瓷器仅有 31 件。此结果被逐件记在了内务府《造办处各作成做活计清档》中，保留至今。

2015 年，北京故宫博物院找来了目前全球所有能集中起来的汝窑瓷器，举办了一次豪华的展览，还对全球已知的所有汝窑瓷器做了盘点，出了画册。画册中不仅包括了全球博物馆已知的汝窑瓷器，甚至还涉及私人收藏。根据这次盘点，我们才知道，全世界现存已知的汝窑瓷器一共只有不到 100 件。2016 年，这个数字又修订为 120 件。其中，我国大陆地区藏有 63 件、港台地区藏有 26 件（21 件在我国台北故宫博物院），国外藏有 31 件。这 120 件汝窑瓷器中，水仙盆只有 5 件，其中 1 件在日本大阪市立东洋陶瓷美术馆，其

北宋汝窑“丙蔡”铭青瓷碟（中国台北故宫博物院藏）

他 4 件都在我国台北故宫博物院。

你以为这就已经弥足珍贵了？还有更惊艳的！

在 5 件水仙盆里，只有我们前面说的这件汝窑青瓷无纹水仙盆，是无开片纹的。

在烧制汝窑瓷器的时候，由于瓷器釉面和泥坯受热后膨胀的程度、速度不一样，因而一般难免会在釉面表面出现开裂的纹片，这就是“开片纹”。本来，瓷器上出现开片纹是瑕疵，属于“大型翻车现场”。不过，由于开片纹有着特殊的美感，因而在文人士大夫眼里，反而成为一种艺术效果，在宋朝，宗室贵族对开片纹争相热捧。

但无论如何热捧，开片终究是开片，本质上还是瑕疵。明代鉴赏家曹昭就在《格古要论》中提出：“有蟹爪纹者真，无纹者尤好。”这里的“蟹爪纹”就指开片纹。他说有开片纹的瓷器更加真实、更加原生态，毕竟开片纹是自然形成的；然而，如果没有开片纹，那样的瓷器才更加优质，才是汝窑瓷器中的顶级佳品。

汝窑瓷器加入了珍贵的玛瑙，在保证瓷器产生完美温润的天青色的同时，也能减少开片纹的出现。因而，在传世的汝窑瓷器中，有极少数的瓷器是没有开片纹的，汝窑青瓷无纹水仙盆就属于这种极为珍贵罕见的汝瓷。

看到这里，同学们应该也了解了，汝窑青瓷无纹水仙盆究竟珍贵在哪里。作为本身就极为罕见的汝窑瓷器，汝窑青瓷无纹水仙盆不是一百二十分之一，也不是五分之一，而是独一无二、举世无双！这样珍贵的瓷器穿越千年、完好无损地流传至今，简直是我们中国人的荣幸、中华民族的荣幸！

汝窑为魁

最后再聊聊一个悬而未决的问题——到底什么是汝窑？

这里的窑，是指瓷窑，也就是烧制瓷器的地方。宋代是我国瓷器繁荣鼎盛的时期，当时，全国上下有五座最著名的瓷窑，后被称为“五大名窑”，分别是汝窑、官窑、哥窑、钧窑和定窑。

汝窑因地处汝州（今河南省汝州市）而得名。五大名窑中，汝窑居于首位，震古烁今，在中国陶瓷史上素有“汝窑为魁”之称，是中国古代瓷器发展史中一颗璀璨耀眼的明星。汝窑的瓷器（简称“汝瓷”）代表了宋代瓷器的最高水平。这就是为什么说汝窑青瓷无纹水仙盆不仅独一无二，而且举世无双了。

汝瓷最大的特点，便是“青如天，面如玉，晨星稀，蝉翼纹”。其釉是天青色的，胎却是香灰色；釉质温润如玉，素面朴实无华；在釉里还有点点气泡，就像是清晨天空中稀疏的星星；这些布满“星星”的釉面上，若隐若现着蝉翼一般的纹路，也就是前面提到的开片纹。这种恬静素雅的色泽，几乎达到让人无可挑剔的完美境界，文人墨客誉之为“雨过天晴云破处”“千峰碧波翠色来”，更为汝瓷增添了几分诗情画意。

北宋汝窑青瓷盘（中国台北故宫博物院藏）

汝瓷能够以天青玉润的色泽摘得宋代瓷器的桂冠，得益于其独步天下的烧制技术。窑工对烧制汝瓷的温度、火候有着十分精准的把控。此外，汝窑还将玛瑙作为独门原材料。窑工将珍贵的玛瑙碾成粉末，对汝瓷形成特殊色泽起到了重要作用。

汝窑的历史可追溯到唐朝，不过进入黄金时代却已是北宋后期的事情了。从宋哲宗元祐元年到宋徽宗崇宁五年，汝窑烧制了大量宫廷御用瓷器，制瓷技术与审美日趋达到炉火纯青的程度，在短短的二十年间，创造了其他瓷窑无可比拟的辉煌。可惜的是，靖康二年（1127 年），金朝灭亡北宋，汝窑也在战火中被毁，烧制汝瓷的工艺渐渐失传。这也是现在全球留存的汝瓷只有区区 120 件的原因。

直到明代宣德时期（1426—1435 年），景德镇的御窑厂成功仿烧了汝釉瓷器；清雍正（1723—1735 年）和乾隆（1736—1796 年）时期，汝窑瓷器的仿制品得到了突破性的发展，甚至达到神形兼备、以假乱真的程度。

然而，无论明清的仿制汝瓷多么逼真，都替代不了宋代汝窑瓷器。汝瓷的成功，骨子里透着宋代这个文治王朝堪称巅峰的文化盛事。著名史学家陈寅恪先生曾盛赞宋代文化，“华夏民族之文化，历数千载之演进，造极于赵宋之世”。与诗词、散文、书法、绘画一样，以汝瓷为代表的宋代瓷器，是宋代文化的典范与象征，传承着中华民族绵延不绝的优秀传统文化。

肆 价值连城的元青花 鬼谷下山元青花大罐

【国宝档案】

名称：鬼谷下山元青花大罐

年代：元代后期，元顺帝至正十一年（1351 年）以前

规格：高 27.5 厘米，口径 21.5 厘米，腹径 34.5 厘米，足径 20.6 厘米

材质：瓷

收藏地：英国私人收藏

破了世界纪录的青花瓷罐

2005 年 7 月 12 日，佳士得公司在伦敦举办的拍卖会上，六位收藏家正在为了一个大罐子进行激烈“厮杀”。最终，大罐以 1568 万英镑的价格，被一位英国古董商买下。1568 万英镑，在当时相当于 2.3 亿元人民币，或约 2 吨黄金。这个价格创下了当时中国艺术品在世界的最高拍卖纪录，让全球收藏界、文物界的专家无比震撼。

这个使世界都为之颤抖的文物，便是我国元代的鬼谷下山青花大罐。在正式揭开它的神秘身世之前，我们先来看看这件文物到底是什么样子。

大罐是一件青花瓷器，用进口钴料绘制成四层青花纹饰。第一层位于大罐的颈部，画的是水波纹；第二层位于大罐肩部，饰以缠枝牡丹；再往下的腹部是第三层，画的是主题纹饰“鬼谷子下山”；最后一层位于大罐下部，为变形莲瓣纹内绘琛宝，俗称“八大码”。

大罐最主要的部分，当然是“鬼谷子下山”的主题纹饰。相传，鬼谷子名叫王诩，是战国时期的一位“神人”，因隐居在云梦山的鬼谷之中，故自号

鬼谷下山元青花大罐

鬼谷下山元青花大罐的另一面

“鬼谷先生”。据说这位鬼谷子有经天纬地之才、纵横捭阖之术，他写的《鬼谷子》一书流传至今。著名军事家孙膑、庞涓，著名纵横家张仪、苏秦都出自他的门下；甚至那位率领船队入海为秦始皇找仙药的徐市（fú），也被称为他的得意弟子。当然，这些传说不一定是真的，甚至鬼谷子是不是真有其人，古往今来的学者也争论不断。但这并不影响鬼谷子在人们心目中的崇高地位。

鬼谷下山元青花大罐画的就是和鬼谷子息息相关的故事。齐国名将孙膑率军与燕国作战，被燕军围困。千钧一发之际，齐国派出苏代作为使者，来请孙膑的师父鬼谷子下山，解救孙膑。大罐的主题画，画的就是鬼谷子下山的场面。只见鬼谷子端坐在一虎一豹拉着的车中，身体微微前倾，仙风道骨，神情自若，仿佛一切尽在掌握之中。车子前面，一位英姿飒爽的将军纵马而行，手中拿着写有“鬼谷”二字的旗帜，两名手持长矛的步卒开道，苏代则骑马紧随其后。一行人神韵飘然，与山色树石浑然一体。

在常人看来，这就是一个画着故事画的普通瓷罐，就算知道其是一件了不起的文物，可它究竟了不起在哪儿？又为什么能在拍卖会上卖出如此高昂的价格？

一切，还要从“元青花”三字说起。

青花瓷的制造工艺

素胚勾勒出青花笔锋浓转淡，
瓶身描绘的牡丹一如你初妆，
冉冉檀香透过窗心事我了然，
宣纸上走笔至此搁一半，
……

当年周杰伦一首火遍大江南北的《青花瓷》，让许多国人都知道了“青花瓷”。

我们前面讲过陶器和瓷器的区别，其实二者之间差异很大。大体来说，瓷器可以分为三大类：

一类叫“颜色釉瓷”，就是说瓷器因为表面的釉料中含有不同的矿物质，所以经过烧制后呈现出的颜色便不同。前面提到的天青色的汝窑瓷器，便是这种颜色釉瓷的顶级代表。

第二类叫“釉下彩瓷”，就是在烧制瓷器前，工匠们先在泥坯上画好图案，然后再涂抹上釉料。这样经过烧制后，瓷器上的图案就被压在了釉料的下面。青花瓷就属于这种釉下彩瓷。

最后一类叫“釉上彩瓷”，听名字估计你也能猜出来了，这是在已经烧制好的瓷器的釉面上，绘制好图案，再一次送入瓷窑中烧制。因为图案在釉的上面，所以叫釉上彩瓷。

显然，作为釉下彩瓷的一种，青花瓷不仅像汝瓷那样注重颜色，而且还对图案描绘有了要求。

在制作青花瓷时，工匠们先要在晾干的瓷坯上用颜料绘制图案，这种颜料里含有一种叫钴的矿物质。绘制完成后，工匠便在上面涂上透明的釉料，然后将瓷坯送入瓷窑，经过 1300℃的高温烧造。在高温环境下，钴经过氧化，呈现出蓝色，因而人们就把这种绘着蓝色图案的瓷器称为“青花瓷”。

人人都爱青花瓷

在很长一段时间里，人们聊起青花瓷，想到的都是明清时期景德镇烧制的青花瓷。其实，早在春秋战国时期，我们的先人就已经利用蓝色的氧化钴来制作琉璃珠子了。到了唐代，青花瓷已经行销海外，只不过在当时并没有形成太大的影响。

青花瓷真正异军突起的时代，是蒙古人建立的元代。

人们对元代青花瓷的认知历史并不长，甚至一度认为元代根本就没有青花瓷。1929 年，英国人霍布逊最早发现了元青花，发表了“至正十一年青花云龙纹象耳瓶”的资料。至正是元代使用的年号，这证明了元代存在青花瓷。但是霍布逊的发现并没有引起人们的重视。直到 20 世纪 50 年代，美国学者波普在考察了伊朗和土耳其收藏的中国陶瓷器后，将它们与青花云龙纹象耳瓶做了比较分析，认为其就是 14 世纪的青花瓷。从此，世人才真正相信元代确有青花瓷。

1278 年，也就是元世祖忽必烈将大蒙古国的国号改定为“元”的七年后，元朝在江西景德镇设立了一个专门管理烧造瓷器的机构——浮梁磁局，其成为元青花的主要制造地。

13 世纪的世界可谓是蒙古人的世界。1206 年，成吉思汗建立大蒙古国，此后蒙古铁骑横扫欧亚大陆，蒙古人统治的疆域空前广大。当时，中亚和西亚非常需要蓝色瓷器；而来自中亚和西亚的工匠，也伴随着商路来到中国；

元代景德镇窑青花凤穿牡丹纹执壶（北京故宫博物院藏）

再加上蒙古人生活在草原上，对蓝色和白色有着偏爱，这些审美都渐渐影响了中国瓷器的制造风格。

与此同时，青花瓷烧制的工艺也非常“友好”。作为釉下彩瓷，青花瓷的蓝色图案不易脱落，持久耐用。钴颜料也相对稳定，对烧制瓷器时的温度、氧气的要求相对不那么严格。这样一来，工匠制作青花瓷简单方便，能够以更低的成本批量生产；使用者也喜欢它的耐用，免去了瓷器图案脱落的苦恼。人人都爱青花瓷，青花瓷便在元代迅速崛起。

凤毛麟角的价值成就最高拍卖纪录

不过，就像汝瓷珍贵稀少一样，元青花的数量也不多。据估计，全球留存完整的元青花瓷器不过三四百件，我国各地博物馆收藏的更只有120余件。

数量稀少的原因也很相似——元青花烧造的时间太短了。汝瓷仅仅烧了二十年，元青花还长一点，但也不超过百年。1271年，元朝正式建立；1279年，也就是浮梁磁局成立后的第二年，元朝攻灭南宋，正式统一全国；可到了1368年，元朝就被朱元璋建立的明朝取代了。即便是在这九十年里，比较成熟的元青花的大面积出现，已是元代中后期了。这样看来，元青花的烧造时间实际上并不比汝瓷长多少，也就难怪当今留存完整的元青花瓷器会同样稀少了。

而像鬼谷下山元青花大罐这样的人物图案元青花，更是少之又少。用钴料烧制青花瓷的工艺要求虽不是特别严格，但真想烧造出一件好的青花瓷，特别是一件绘有人物图案的青花瓷，那也绝不是一件容易的事。因为钴料在烧制过程中，特别容易晕散开来，就像墨汁在宣纸上晕散开来一样。因而，如果没有过硬的工艺，在烧制人物形象的图案时，钴料一旦晕开，人物的鼻子、嘴巴就会粘成一块，整个人物图案就成了一团糨糊。因此，今人能看到的人物图案元青花，那真是凤毛麟角，像鬼谷下山元青花大罐这样的，据说全世界也不足10件。

更、更、更珍贵的是，鬼谷下山元青花大罐的图案绘制得非常生动、细腻。专家指出，这样的绘画绝非一般工匠所能完成，而是出自一位画家之手。正是凭借着这一层更比一层珍贵的价值，鬼谷下山元青花大罐才创下了当时中国艺术品在世界上的最高拍卖纪录。

从“DVD盒子”到举世皆惊的文物

前面讲的几件文物，人面鱼纹彩陶盆和陶骆驼载乐舞三彩俑是直接从地下挖掘出来的，汝窑青瓷无纹水仙盆是宫廷流传下来的，那么鬼谷下山元青花大罐又是怎么展现在世人眼前的呢?

这还要从第一次世界大战说起。

1913—1923年，一名叫范·赫默特的荷兰海军军官被派驻北京。当时正值第一次世界大战，赫默特的本职工作是护卫荷兰使节的安全。不过，他喜欢艺术，爱好收藏，尤其喜欢中国的瓷器。鬼谷下山元青花大罐就是他在这一时期从中国购买的。

不过当时，人们还不知道有元青花。赫默特与他的后人一直以为收藏的是一件明代青花瓷，以至于后人对这件文物并不重视，甚至把它放在角落里盛放杂物。在鬼谷下山元青花大罐传至赫默特的第四代传人时，它已经沦落为一个专门装DVD光盘的大罐子。

佳士得公司的专家第一次看到这个罐子时，也没太当回事。20世纪70年代，佳士得公司对大罐的估值只有2000美元。由于估值太低，赫默特的后人并不愿意出手。直到三十年后佳士得的专家再次拜访时，才发现这件瓷器珍稀无比。据专家鉴定，大罐可能烧制于1351年左右，也就是元代后期。正是这次拜访，鬼谷下山元青花大罐的价值终于浮出水面，一场拍卖会过后，举世皆惊。

伍 中华瓷王 清乾隆各种釉彩大瓶

【国宝档案】

名称：清乾隆各种釉彩大瓶

年代：清代，清高宗乾隆十三年（1748 年）

规格：高 86.4 厘米，口径 27.4 厘米，足径 33 厘米

材质：瓷

收藏地：北京故宫博物院

瓷王·瓷母

从简单质朴的仰韶彩陶到绚丽生动的唐三彩，从典雅别致的汝窑瓷到价值连城的元青花，我们一路走马观花，伴随着数千年的文明史，体验着中华陶瓷的进化史。

而到了这一章的最后，我们也终于迎来了集中华陶瓷技艺于一身的瓷器巅峰之作——各种釉彩大瓶。

各种釉彩！初听这个名字，并不觉得这件文物有多厉害，甚至感到这名字有几分敷衍。可就是各种釉彩，为这件非同一般的瓷瓶迎来了“中华瓷王”“瓷母”的盛誉。

所谓各种釉彩，说的是这件大瓶运用了色地珐琅彩、松石地粉彩、仿哥釉、金釉、青花、松石釉、窑变釉、斗彩、冬青釉暗刻、霁蓝描金、开光绘粉彩、仿官釉、绿釉、珊瑚红釉、仿汝釉、紫金釉等十几种施釉方法，装饰的釉彩从上至下多达 15 层。

为了容纳下这么多的釉彩，瓶子的体积也非常巨大，高 86.4 厘米，口径 27.4 厘米，足径 33 厘米，洗口（瓶口呈古代日常盥洗用具的形状），长颈，颈部为一对螭耳。

可以说，论体量之巨大、釉彩之丰富、装饰之华丽、工艺之繁复，数千年间的陶瓷制品，无出其右。

只有 0.23% 的成功率

乾隆十三年，66 岁的督陶官唐英接到乾隆皇帝的旨意，要求他烧制出一件集合各种釉彩的大瓶。这确实让他犯了愁。因为不同的釉彩制作工艺并不相同，尤其对温度的要求也不一样。

比如我们前面提到的青花，是一种釉下彩装饰；而金彩、珐琅彩和粉彩则属于釉上彩装饰；斗彩就更复杂了，是一种将釉上彩与釉下彩结合起来的装饰工艺。

又比如温度，青花与仿官釉、仿汝釉、仿哥釉、窑变釉、粉青釉、霁蓝釉等都属于高温釉彩，要烧制这些釉彩需要 1300℃。而金彩、珐琅彩、粉彩和松石绿釉则属于低温釉彩，烧制的温度在 600℃—900℃间。显然，这两种釉彩根本烧不到一起去。特别是一旦烧制了低温釉彩，就没法再烧制高温釉彩，因为低温釉彩承受不了高温。

所以要制作这样复杂的大瓶，就必须在第一次将瓷坯送入瓷窑时，以高温烧制出高温釉彩；再在第二次烧制时，改用相对较低的温度来烧低温釉彩。

说起来容易做起来难。在那个没有测温仪器也没有恒温仪器的时代，工匠全凭经验靠肉眼来观测温度。这种拿捏温度的难度不仅来源于不同釉彩需要不同温度，甚至还来自单独烧制某一种釉彩时的温度限制。比如大瓶的第六层，是仿钧窑釉，同时还要呈现斑驳窑变。前面介绍过，钧窑也是宋代五大名窑之一，仿钧窑釉自然是仿制钧窑瓷器的施釉工艺。钧窑烧制瓷器时，会因窑内温度发生变化而使表面釉色发生不确定性的自然变化，这种变化就像汝窑的开片纹一样，是钧窑的特色标志之一。

在烧制仿钧窑釉和呈现窑变时，需要使用高温铜红釉。只有在1250℃—1280℃之间时，它才能呈现出红色。温度高了，颜色就烧飞了，没有了；温度低了，颜色黑乎乎的，又无法呈现出漂亮的红色。而控制这30℃区间温度的，仅仅是人的眼睛。单烧制这一层釉彩，成功率也只有20%。而这个成功率，几乎就是烧制各种釉彩大瓶的成功率。有人估算，烧制各种釉彩大瓶只有0.23%的机会能够成功。这几乎就给各种釉彩大瓶判了“死刑”。

可唐英并没有放弃。为了成功烧制各种釉彩，唐英派出了大量得力的助手，让他们到哥窑、汝窑、钧窑、定窑、龙泉窑、湘湖窑等全国各大名窑，一面搜罗这些釉彩烧制的配方，一面取回瓷片标本。与此同时，他还和助手们一起仔细钻研古代文献中烧制各种釉彩的相关记载。经过反复的研究、试验，唐英团队最后竟然成功驾驭了釉彩，创造了奇迹，烧制出各种釉彩大瓶！

15层釉彩

那么，多达15层釉彩的各种釉彩大瓶，到底有多华丽呢？不妨从上到下一层层来看，大瓶到底都用了哪些釉彩。

先来看瓶口处的第一层，紫地珐琅彩，绘有花卉图案。珐琅彩的前身最早起源于法国，这种技法传入中国后，经过不断改善，成为瓷器上的珐琅彩。珐琅彩最大的特点就是颜色鲜艳，又很柔和、不刺眼。

第二层，蓝地珐琅彩，同样绘有花卉图案。

第三层，仿汝釉。这个我们熟悉，就是仿制汝窑瓷器上那种淡雅的天青色釉。在施仿汝釉时，工匠们还特意呈现了非常细小的开片纹。

接下来，我们来到大瓶的颈部，这里是大瓶的第四层釉彩，使用的是青

清乾隆各种釉彩大瓶局部

花缠枝花卉。

第五层，在瓶颈向瓶身过渡的地方，使用了松石绿釉。这种釉在淡黄色中微微透着绿，很像绿松石的色泽，创烧于雍正年间，在当时是非常新的一种施釉工艺。

第六层，仿钧窑釉，还呈现了斑驳窑变。

第七层，斗彩花纹。斗彩就是在经过高温烧制好的青花瓷上，再次施彩，用低温烧制。

第八层，粉青釉。这也是一种始创于宋代的釉色，粉青釉的釉色青绿淡雅，釉面光泽柔和，看起来就像玉一样。

第九层，也就是大瓶的腹部，以霁蓝釉描金为地，上面用开光绘粉彩的工艺，绘着 12 幅吉祥图案。

第十层，仿哥釉。模仿的是宋代五大名窑之一哥窑的釉色。

第十一层，青花。

第十二层，淡绿釉，绘有花瓣纹。

第十三层，红地描金彩回纹。

第十四层，仿官釉，点缀着开片纹。官窑同样是宋代五大名窑之一，官窑瓷器的釉色微微发灰。

最后第十五层，金酱釉描金。金酱釉始创于宋代，呈现出独特的芝麻酱颜色。

除了这 15 层釉彩，在大瓶每层釉彩之间，还用金彩分割开来。大瓶上的装饰也分外引人注目，特别是瓶口和腹部的各种色地“洋彩锦上添花”装饰格外突出。12 幅图案构图饱满，人物形象细腻生动；锦地纹饰的民族特色非常鲜明。其他部位的描绘勾画也多样多彩，同样是青花，既有乾隆时期风格的，也有模仿明代永乐、宣帝时期风格的；同样是金彩，既有回纹，也有卷草纹。

由此可见，各种釉彩大瓶的工艺有多复杂，要成功烧制出如此复杂的大瓶，唐英团队不仅要全面掌握各种釉彩的性能，更要全面而精准地掌握各种釉彩的烧制特点。就凭借这一点，各种釉彩大瓶已无愧于“瓷王”或“瓷母”的称号。

12 幅吉祥图案

刚才我们卖了一个关子，就是大瓶的第九层瓶腹部分，绘有 12 幅霁蓝釉描金开光粉彩吉祥图案。

这 12 幅图案可以分成两组。第一组的 6 幅图案是写实图画，包括“三阳开泰”、“吉庆有余”、“丹凤朝阳”、“太平有象”、“仙山琼阁”和“博古九鼎”。仅看这些图画的名字，都能感到歌舞升平的盛世景象扑面而来。

第二组的 6 幅写意图案更有意思，分别是锦地“卍”字、蝙蝠、如意、蟠螭、灵芝、花卉。“卍”字源于佛教，在汉语中读作“万”，表示吉祥无比；

清乾隆各种釉彩大瓶 12 幅吉祥图案

蝙蝠取“福”的谐音。“卍”字和蝙蝠在一起，有“万福”之意。此外，如意、蟠螭、灵芝和花卉，分别代表着如意、辟邪、长寿和富贵。总而言之，这 6 幅图画都是我国传统民俗中代表吉祥的图案。时至今日，它们的寓意依然未变。

可以说，各种釉彩大瓶是中国历朝历代的瓷器中，涵盖吉祥文化最为丰富的器物。将这么多吉祥图案同时绘在一件器物上，在中国瓷器史上是极为罕见的。

“华缛极矣，精巧之至”

各种釉彩大瓶全面展现了清朝乾隆年间瓷器制作工艺的顶尖水平，也展现了海纳百川的文化自信。然而，也正是让这件大瓶成名的“各色釉彩”，同时给它带来了接连不断的争议。

最常见的争议，是批评此瓶将各种釉彩简单堆砌，尽管动用了极高的烧制工艺技巧，但这样的大瓶不过是一个“炫技”工具。那种极尽华丽的审美格调，甚至让人将它与“暴发户”联系起来。应该说，这种批评并不是全无道理的。各种釉彩大瓶的15层釉彩虽然精致华丽，但色彩过于烦冗复杂；

12 幅吉祥图案虽融汇了吉祥文化，但题材过多，显得凌乱。从艺术性上讲，各种釉彩大瓶确实缺乏较高的美学境界，有它难以回避的审美缺陷。

不过，这样繁复的风格也并非各种釉彩大瓶所特有。乾隆时期，国力趋于鼎盛，乾隆皇帝本人又爱附庸风雅、好大喜功。这种鼎盛国力与帝王爱好相结合，反映在器物上，便是繁缛奢华的审美格调。不仅瓷器领域，雕塑、家具乃至园林领域，都染上了这种繁缛奢华的毛病。加上当时各种工艺技巧达到了精巧的极致，能够在技术上满足这种繁缛奢华，因而，一件件“华缛极矣，精巧之至，几于鬼斧神工”的瓷器就在乾隆朝应运而生了，而各种釉彩大瓶不过是这些瓷器里突出极致的一个。

第二章

言念君子，温其如玉：中国玉器之美

导·语

以玉器为载体的玉文化，深刻地反映和影响了中国人的传统思想观念，并深入到人们的日常生活中。

早在距今约一万年前的新石器时代早期，先民就已经将精美的石头与普通石头区分开来，将其打磨成装饰品，或者把它们作为宗教礼器，祭祀自己的祖先与神灵。就这样，美丽的石头逐渐有了专属的名称——玉。

在玉的身上，我们看到的不仅是它的美貌，更有蕴含在美貌之下的深厚文化底蕴。这种底蕴为中华文明所特有，以至于今天有学者指出，中国历史上存在一个独具特色的“玉器时代”。

如今，玉石的宗教色彩早已褪去，身份色彩也在逐渐淡化。留给我们更多的是，玉器温润的美丽。玉文化就像是一个基因密码，深深地刻在每一位中华儿女的心上。

“中华第一龙”红山文化玉龙

【国宝档案】

名称：红山文化玉龙

年代：红山文化，前4000—前3000年

规格：高26厘米，直径2.3—2.9厘米，孔外径0.95厘米，内径0.3厘米

材质：玉

出土时间：1971年

出土地：位于今内蒙古自治区赤峰市翁牛特旗赛沁塔拉村

文物保护：2013年列入《第三批禁止出境展览文物目录》

收藏地：中国国家博物馆

红山文化玉龙

从默默无闻到一鸣惊人

“遥远的东方有一条龙。”屹立于东方的中华民族，被称为“龙的传人”。我们都知道，世上并不存在传说中吞云吐雾的龙，那是古人想象出来的动物。可作为一种充满神秘色彩的形象，早在史前时代，“龙”就已经在华夏民族的基因里打下了深深的烙印。

红山文化的玉龙，被誉为“中华第一龙”。同学们也许没见过这条见首不见尾的神龙“真身”，但你对它的样子一定不陌生。今天，华夏银行“C”形龙的标志，就取自红山文化玉龙的形象。

关于这件玉龙，我们还得从一次偶然的发现说起。

1971 年盛夏的一个下午，在今内蒙古自治区翁牛特旗（当时属于辽宁省）的赛沁塔拉村北山岗，一位叫张凤祥的年轻农民发现了一个石洞，其看起来并不像自然形成的，而是人工堆砌的。张凤祥好奇，便大着胆子将手伸进洞底，一把掏出一个黑乎乎的“铁钩”。“铁钩”全身包满了泥垢，张凤祥没当回事，回家就随手扔到一边。

倒是张凤祥六七岁的弟弟，对“铁钩”很感兴趣，找来一根绳子把“铁钩”绑紧，就拖着跑到外面跟小朋友玩儿去了。过了几天，“铁钩”在地上磨来磨去，泥垢慢慢被磨掉，绿色的真身渐渐显露出来，阳光一照，竟反射出温玉般的光泽。

后来，张凤祥把这件东西交给了翁牛特旗文化馆。结果文化馆的值班人员只用一句“没啥用”就将他打发回家了。不死心的张家人不久又去了一次文化馆，这次工作人员终于接收了文物，还给了张凤祥 30 元钱作为奖金。

文物虽然进了文化馆，却并没有引起工作人员的重视，人们对它的认识不过是从“铁钩”变成“玉钩”。直到十年后，人们才重新发现了这件文物无可替代的价值。

1981 年，位于今辽宁省朝阳市境内的牛河梁遗址被发现，大量红山文化的精美玉器陆续从遗址出土，其中就包括两件玉龙。尽管后来学者认为，这两件“龙”形的玉器其实是“猪”，但同样“C”形弯曲的形象，让人们想起翁牛特旗的那只“玉钩”。

1984 年，“玉钩”被翁牛特旗文化馆送到北京，参加了北京故宫博物院举办的国庆三十五周年精品文物展，此后辗转留在了中国国家博物馆的前身——中国历史博物馆。

当那件默默无闻的“玉钩”以玉龙之身重出江湖后，有了另一个更响亮的称号——中华第一龙，从此一鸣惊人。

碧玉龙与黄玉龙

这件玉龙是墨绿色的，原料是岫（xiù）岩玉。这种玉石因出产于我国辽宁省鞍山市岫岩满族自治县而得名，早在旧石器时代就已经被人们发现和利用起来，是我国著名的四大名玉之一。

红山文化黄玉龙（翁牛特旗博物馆藏）

玉龙的身体蜷曲着，像个大钩子，呈现出字母“C”的形状。它那长长的嘴巴向前突出，微微上翘，紧紧闭着。鼻子端部被截得平平整整，上面有一对圆形鼻孔。两只眼睛凸起，就像个小小的菱形，眼尾细长上翘。

最有意思的是，玉龙从脖子到脊背那向上扬起的长长的鬃毛，这条鬃毛长达 21 厘米，占了玉龙全长的三分之一还多。这让玉龙看起来，像是留着一头披肩发的艺术家。

玉龙的尾巴上翘，微微向身体内卷起。

这件玉龙是用一整块玉料雕琢而成的，在背部邻近鬃毛的地方钻有一个小孔，用绳子穿过小孔，就可以将玉龙吊起来了。最奇妙的是，这个小孔正好处于玉龙的重心位置，吊起玉龙，龙头龙尾正好保持平衡。几千年前的人们就有如此精确的计算和设计，真的是太让人难以置信了。

在红山文化的区域内，人们还发现过黄色的“C”形玉龙。为了叙述方便，我们把前面提到的那件绿色的“中华第一龙”称为碧玉龙，黄色的这件称为黄玉龙。1949 年，一名叫马忠信的农民发现了黄玉龙，出土地点距离碧玉龙很近，两地相距不到 30 公里。黄玉龙的造型跟碧玉龙差不多，个头比碧玉龙小点，高 16.7 厘米，身上也有和碧玉龙一样的小孔。

以碧玉龙、黄玉龙为代表的玉龙挂饰，是红山文化的代表性文物。它们不仅代表着当时先民精湛的琢玉工艺，更隐藏着他们赋予其的神秘力量。

演变进行时

玉龙究竟是用来做什么的呢？学者们也莫衷一是。碧玉龙和黄玉龙并不像玉猪龙那样，是从墓葬出土的，因而很难说它们是用来陪葬的。它们在半山腰的人工坑洞中被发现，出土地点周围也没有其他文物，所以大部分学者认为，这应该与红山文化的先民对动物的崇拜有关，甚至有人明确指出，它们也许是当年生活在此地的先民的部族的族徽，地位和作用与华夏银行那个

红山文化玉猪龙（辽宁省博物馆藏）

龙形标志类似。

龙是一种想象出来的动物，那么它的原型究竟是什么呢？有人说是鳄鱼，有人说是蛇，有人说是鱼，甚至还有人说是龙卷风……其实，早期“龙”的原型可能是多种多样的。比如前面提到的猪龙，最早是猪，后经不断演变，最终才成了龙。

现在回头再来看被称为“中华第一龙”的玉龙，身体像蛇，鼻子像猪，眼睛像牛，颈背部的鬃毛又像马。真的很难说这条龙的原型是什么，反倒像各种动物形象的复合体。

在新石器时代，我国不少地区的文化中都发现了“龙”的形象，只不过这些龙还非常原始，需要专家学者根据它们共同的特征来鉴别，比如巨大的头颅、头上的角、大大的口以及弯曲的身体。实际上，在中华大地上，先民对龙的崇拜经历过一个从具体到抽象、从单一到复杂的过程。

猪龙的形象是相对具体、单一的，就是猪。下一章要与大家见面的二里头文化的“龙”，则已呈现出抽象、复杂的特点，接近我们今天认识的中国龙。而红山文化的玉龙，就处在这个从具体走向抽象、从单一走向复杂的过程之中。所以我们既能深切感受到这是一条龙，又能清晰分辨出这条龙是一个复合体。玉龙真实记录了“龙”形象的演变进程。

玉器时代

玉龙的形象是“龙”，材质是“玉”。

考古学上，学者根据人类制作工具所使用的材料不同，将早期人类历史分成石器时代、青铜时代和铁器时代。

本质上，玉就是一种石头。然而，在古人眼里，玉是一种与石、铜、铁并列的重要材料。比如《越绝书》里就说，炎帝用石头制造兵器，黄帝用玉制造兵器，大禹用铜铁制造兵器。玉还被赋予了很强的文化意义。皇帝的玺

良渚文化玉琮王（浙江省博物馆藏）

不是金打的，也不是银造的，而是用玉制作的；富有美德的君子被称为“温润如玉”；文人士大夫要佩戴玉；甚至连人的美貌都以玉作比。

正因如此，才会有人说，中国历史上存在着一个独具特色的“玉器时代”。中华先民对玉石的执着与喜爱，不断被史前文化遗迹证明。

比如制造和使用玉龙的红山文化，就是当时北方先人爱玉、用玉的代表。红山文化大体存在于公元前 4000 至前 3000 年，分布在我国东北地区的西南部，北起内蒙古中南部地区，南至河北北部，东达辽宁西部。在红山文化的遗迹中，人们发现了数量众多的玉石雕刻，以动物形象居多，玉龙也只是这其中最具代表性的一种。

南方的玉器要以良渚文化为代表。良渚文化分布于钱塘江流域和太湖流域，时间比红山文化稍晚，为公元前 3300 至前 2300 年。良渚文化最大的特色就是出土玉器，包括玉璧、玉琮、冠形玉器、玉镯、柱形玉器和玉钺等。迄今为止，良渚遗址出土的最大的一件玉琮和一件玉钺，分别被誉为“琮王”和“钺王”。

和红山文化从具体动物向抽象动物演变的玉器形象相比，良渚文化的玉器已摆脱了对动物的崇拜，体现了先民“天人合一”的宗教信仰，代表着至高无上的权力。

无论是北方的玉龙，还是南方的“琮王”“钺王”，都是中华远古先民精湛玉器工艺的体现，也都是先人留给我们的宝贵财富。它们承载着先民的精神世界，也传承着数千年中华民族的文化血脉。

贰 最早、最大的玉制器皿 商代青玉簋

【国宝档案】

名称：商代青玉簋

年代：商代后期，武丁在位时期，前 1250—前 1192 年

规格：通高 12.5 厘米，口径 20.7 厘米，足径 14.5 厘米，厚 0.9 厘米

材质：玉

出土时间：1976 年

出土地：位于今河南省安阳市殷都区小屯村殷墟妇好墓

收藏地：中国国家博物馆

最早、最大的玉制器皿

1975 年，考古工作人员在河南省安阳市北郊小屯村西北处发现了一处建筑基址遗迹。第二年，考古工作队进驻此地，开始全面考古挖掘，最终发现了一座陵墓，从中出土了大量青铜器和玉器，其中就包括一件青玉簋。

这件青玉簋造型端庄古朴，纹饰细腻，雕刻精美。玉料呈碧绿色，玉质莹润，洁净无瑕。玉簋平口方唇，腹部微鼓，圜底高圈足。在玉簋的颈部，装饰着两圈凸弦纹，腹部有四条突出、两两相对的扉棱，其间装饰着三层勾连曲线纹和云雷纹。这些纹路采用双线勾勒的手法，舒展而醒目。

其实，这次出土的玉簋不是一件，而是一对。除了青玉簋，还有一件白玉簋。与洁净无瑕的青玉簋相比，白玉簋已经有了黄斑，侈口圆唇，下腹微鼓，平底矮圈足，腹部雕刻着好多兽面花纹。

簋是一种器皿，是古代盛食物的容器，可以把它理解成一口大碗。目前为止，人们还从来没有发现过商代以前用玉石制作的器皿。玉石一般是用来

妇好墓出土的商代白玉簋（中国社会科学院考古研究所藏）

制作工具、配饰和礼器的，做成器皿，还是吃饭的家伙，简直闻所未闻。

由此，青玉簋也成为迄今为止发现的最早、最大的玉制器皿。这是玉石文化上的一次重大突破，汉唐以后常见的玉制杯盘碗碟，每每令人赞不绝口，现在看来，这种美轮美奂的工艺至迟也可以追溯到商朝。

既然青玉簋是最早的玉制器皿，那它一定是照着其他材质的器皿制造出来的。其实，商代有许多青铜打造的簋，都是严格仿照青铜器来制作的，连大小尺寸也无差别。正因如此，这件玉簋的体型才会偏大。

与青铜簋相比，玉簋少了几分严肃和华丽，却多了几分典雅和庄重。它没了青铜器的厚重，却多了玉器的灵巧与气度不凡。

彰显等级身份的“大碗”

那么，商朝人为什么要用玉来制作器皿呢？这还得从簋本身说起。

簋这种“大碗”在商周时期非常流行，人们将煮熟的高粱、黄米、大米等粮食放入簋中，使用工具从中取食。虽说是大碗，但簋又不同于大碗。因为除了地上的人要用簋吃饭，天上的神也要用簋吃饭。举行祭祀时，商周的贵族会将祭祀用的食品放入簋中，献给神明。

正因如此，簋就不仅是日常用品，更是严肃的礼器。不同等级的贵族，能够使用的簋的数量大不相同。按照商周礼制的规定，天子可以用 8 个簋，而诸侯只能用 6 个，大夫用 4 个，普通的士更少，只能用 2 个。

那么，能在墓中同时放入一青一白 2 个簋，说明这座陵墓的主人不一般。

事实正是如此。陵墓的主人名叫妇好，是商王武丁的爱妻。武丁是商朝中后期最有作为的君主，他任用贤臣，勤于政事，南征北战。武丁统治时期，商朝的国力达到全盛。妇好也是传奇人物，是有文字记载以来我国历史上第一位女将军，能征善战，深受武丁宠爱。在她的墓里会有那么多青铜器和玉器作为随葬品，也就不奇怪了。

不过这只解释了为什么妇好的墓里有簋，却不能解释为什么是玉簋。学者推测，这可能与玉器所承载的等级内涵有关。从出土的玉器看，商代玉器的等级非常明显。商代的玉器以片状器居多，往往出土于中级贵族的陵墓。只有规格很高的墓葬，如与王室相关的墓葬，才会出土圆雕器物，比如妇好墓。

另一方面，随葬玉器种类也与等级息息相关。比如玉璧、玉钺、大型玉戈等属于与祭祀或等级相关的礼器，只见于较高等级的墓葬之中。这些玉器通常都光泽鲜艳；而普通贵族的小墓中出土的玉器往往有杂斑，且 90% 的小型墓葬没有玉器随葬。

妇好墓出土的玉制礼器，除了 2 件玉簋外，还有玉琮、玉圭、玉璧、玉环、玉瑗、玉玦、玉盘、玉璜等，总共 175 件。其中，以玉璜最多，高达 73 件；其次是玉环，共有 24 件。按照战国时期成书的《周礼》载，玉璧、玉琮、玉圭、玉璋、玉璜、玉琥这 6 种玉制的礼器合称“六器”或“六瑞”，而妇好墓出土的玉器基本齐全。礼制的核心便是维持等级秩序，用玉来制作簋，作为妇好的随葬品，除了其本身的审美价值，也凸显了妇好在商朝等级秩序中，非比寻常的地位。

娴熟自信的雕玉工艺

要在玉石上雕琢出极其周全而实用的器腹腔囊，同时还要雕刻出完整的饰纹，不仅要花费大量的时间，更对雕琢技艺有着极高的要求。

工匠们首先要将玉石切割出想要的大致形状，然后将腹腔掏空，接着在外壁雕琢纹饰，最后抛光完成。

在这个过程中，最难的当属雕琢纹饰。商代青铜器上的纹饰往往极尽精美繁复之能，但雕刻玉器和雕刻青铜器，二者有着天壤之别。因为浇铸青铜器前，要用泥土塑造陶范（相当于是青铜器的模子，具体细节会在下一章讲

妇好墓出土的商代玉凤（中国国家博物馆藏）

述），所有雕刻工作都是在泥土做成的陶范上进行，质地相对松软；而雕琢玉石，相当于在石头上做雕刻，其难度可想而知。更何况，陶范刻坏了，还有补救的机会，大不了重新做一个；可玉石刻坏了，那就前功尽弃了。

因此，我们所见的商代玉器上的纹饰大多很简洁，像这两件玉簋这样敢于全方位、立体化地展示分层几何纹和组合兽面纹的玉石作品，实在太罕见了。从玉簋的纹饰中，我们也不难想象当年工匠们娴熟的“勾”“彻”“挤”“压”等制作手法。相较于此前的雕玉工艺，商代玉器雕琢技术已经到了相当纯熟的地步。

石之美

最后再来说说青玉簋的材质。

同学们想必会感到奇怪，玉簋，玉簋，不就是玉做的吗？没错，青玉簋确实是用玉做的。但古人眼中的玉，跟我们现在所说的玉还是有区别的。专家通过现代检测仪器发现，制作青玉簋的石料，本质上是一种大理石，在今天并不属于玉石。妇好墓中还有不少玉器，也是用大理石制作的，甚至有学者认为，它们和玉簋是用同一块石料做成的。

这样看来，玉簋非玉，那这件文物岂不是名不副实？当然不是。其实这和古人的观念有关。古人受科学技术水平的限制，无法精确区分石头所含有的化学成分，也无法精确测量石头的硬度。他们对于玉的鉴定标准特别朴素。比如成书于东汉的《说文解字》，对玉的解释就是“石之美”。换言之，在古人眼里，美丽漂亮的石头就是玉。按照古人万物皆有灵性的观念，玉是山川之精华，是上天恩赐的宝物，具有沟通天地鬼神的灵性。

当然，这种“美”可能有它特殊的标准，比如有光泽、略透明、质地较为坚硬等。在商代人眼里，大理石也具有这种特质，因而这种大理石就是商代的玉。我们完全没必要用今天的标准去要求古人。

玉石之路

在商代，大理石属于玉，我们现在所说的玉，自然也属于玉的范畴。商代的玉器形式多样、种类繁多，数量也不少，这么多的玉料都是从哪儿来的呢？

首先是就近取料。在新石器时代，那些玉器发达的文化便是就近采集玉料，加工成玉器。比如红山文化制作玉龙的岫岩玉，就来自当地。就近取料的好处是距离近、运费低，即便是今天的许多工厂，也是建在原材料产地附近。但就近取料也有弊端，毕竟产玉的地点有限，每个地区所产玉料的品种单一。商王朝对玉制礼器有着巨大需求，单纯靠就近取料显然不能满足人们的需求。

为了适应需求，商代突破了这种地域限制，一个最典型的证据就是和田玉的使用。和田玉的产地在今天我国新疆维吾尔自治区境内，距离商朝，特别是商朝的核心区——今天的河南省安阳市，可谓十万八千里。然而，专家对妇好墓出土的玉器做鉴定后发现，有不少玉器使用的都是来自新疆的和田玉，就近取料的河南独山玉反而不多。

当时的新疆，不仅不在商王朝直接、有效的政治统治、经济控制范围之内，甚至连诸侯国都算不上。然而，要源源不断地将和田玉输入安阳，就必须保持较为长久、稳定和顺畅的渠道。这样看来，当时的新疆地区已经与殷商王朝建立起密切频繁的物质文化交流与往来。

遥想三千多年前，交通不发达，沿途也没有驿站，甚至连城镇都寥若晨星，在万里之遥的中原腹地与新疆地区就存在着这样频繁的交流，我们的先人是多么伟大啊！正因如此，有不少学者认为，在西汉张骞开辟丝绸之路之前，中原与西部地区早已存在着一条繁荣的“玉石之路”了。

叁

和氏璧的传说
战国玉螭凤云纹璧

【国宝档案】

名称：战国玉螭凤云纹璧

年代：战国，前 475—前 221 年

规格：宽 14.2 厘米，璧径 11.5 厘米

材质：玉

收藏地：中国台北故宫博物院

战国玉螭凤云纹璧

最精致的战国玉璧

同学们都听说过一个成语——完璧归赵。在这个成语故事中，“和氏璧”是当之无愧的主角。说起战国时代的玉器，会有不少人想起和氏璧，只可惜这块传说中的绝世美玉并没有流传下来。

所幸，另一件玉器被完好无损地保留至今。它与和氏璧一样，也是一枚玉璧，同样跟“和”字有关，也是用新疆和田玉制作而成的，是专家公认的目前所见最为精致的一件战国玉璧——玉螭凤云纹璧。

玉螭凤云纹璧的主体是一个圆形，上面雕琢着非常细腻规则的云朵式花纹。围绕着玉璧的中心，这些密密麻麻的“云朵”里里外外有六圈。这种花纹被称作勾云纹，略略凸起，非常有立体感。

战国以前的玉璧中心都有一个大孔，但玉螭凤云纹璧却运用了复杂的镂空技法，雕刻出一条螭龙。我们前面见过的玉器，无论是有“中华第一龙”之称的红山文化玉龙，还是精致的玉箍，都是在玉石的表面雕琢图案花纹。玉螭凤云纹璧却不同，它直接将玉石镂空，使雕出的螭龙轮廓更加清晰，也更加灵动。镂空技法是战国时期经常使用的雕玉工艺，称得上是战国玉器的一大特色。

再来看这条螭龙。所谓螭龙，是龙的一种，鼻子大，眼睛圆，眼尾细又长，寓意美好与吉祥。玉璧中间的这条螭龙头上长着角，身上似乎长有翅膀，尾巴上还有细腻的花纹。它正盘曲着身子，有一种超凡飘逸之感。

有凤来仪

在史前和先秦的文物中，“龙”是一个永恒的主题。前面讲到了玉龙，后面我们还会看到用绿松石做成的“巨龙”。不过，中国有句吉祥话，叫“龙凤呈祥”，见识了这些龙，那么凤又在哪里？

战国玉螭凤云纹璧中的凤

玉螭凤云纹璧还真有两只凤凰。我先不说，同学们不妨对着图片找找看，凤凰到底在哪里？

之前讲了玉璧上的勾云纹，讲了中间镂空雕刻的玉螭龙，唯独还没有讲玉璧两侧那一对像扶手一样的东西。

是的，你猜的没错，这对“扶手”就是两只凤凰。这对凤凰的身体比较长，沿着玉璧的外圈伸展弯曲，呈一道流畅的曲线盘沿下来。凤凰的头顶长着长长的翎羽，藏在身下的长尾卷垂下来。

与蜷曲的螭龙相比，这两只凤凰显得更加舒展，从美学上缓解了螭龙和勾云纹给人们带来的局促感。这样一龙一凤、一紧一舒，可谓配合巧妙，相得益彰。

其实，早在商周时期，凤纹就已是玉器中常见的一种纹饰。只不过相较于此前时代的作品，战国玉器上的凤纹更加华丽、精致。战国早期和中期，位于我国南方的楚国和越国特别喜欢在玉器上采用凤纹作为装饰。战国晚期，其他地区的玉器上出现了许多新的凤纹，这些凤凰往往张着口，凤冠后扬，凤尾卷曲，婀娜多姿，飘飘欲仙。工匠的雕琢手法也更加娴熟细腻。比如玉螭凤云纹璧上的这对玉凤，已经摒弃了原来那种平面雕琢的技法，转而采用减地浅浮雕技法，使玉凤更加传神。

伴随着审美情趣的变化和雕刻技法的娴熟，龙凤纹饰在战国时期经历了重要的发展阶段，直接影响了此后龙凤形象的发展。

言念君子，温其如玉

玉螭凤云纹璧美则美矣，那它到底是用来做什么的呢？这还得从玉璧这种玉器本身说起。

在讲玉螭龙的时候，提到玉璧是一种中央有穿孔的扁平状圆形玉器。《说文解字》里说：“璧，瑞玉，圜也。”不过，并不是所有中间有孔的扁平状圆形玉器都是玉璧。《尔雅·释器》载：“肉倍好谓之璧，好倍肉谓之瑗，肉好若一谓之环。”这里的“好”是指玉器的中央穿孔，“肉”说的是玉器的边缘部分。一件扁平状圆形玉器，如果边缘部分大于中央的穿孔，那么它就是玉璧；如果边缘部分小于中央的穿孔，那就是玉瑗；如果两个部分正好一样大，这种玉器便称为玉环。

不过，从考古出土的实物来看，古人在制作这种扁平状圆形玉器时，对于穿孔和边缘部分的比例并没有严格的规定。所以后人就把宽边小孔的称为玉璧，窄边大孔的称为玉环，而玉瑗的名字用得就比较少了。

早在五六千年前的新石器时代，人们就开始制作玉璧了。不过，当时切割工具有限，制作出的玉璧一点也不工整，要么是外周不够圆；要么是薄厚不均匀，导致璧面不平整；要么是留下了切割痕迹，就像一道伤疤；要么就是把中央的圆孔打偏了。这一时期的玉璧相对朴素，没有那么多花纹。比如红山文化和良渚文化，那里的先人都制造了大量的玉璧。红山文化的玉璧边缘呈薄刃状，颜色只有红褐、水锈和灰黑等少数几种；良渚文化的玉璧外缘薄、内缘厚，打磨光亮。这些玉璧往往和宗教信仰有关联，用于祭祀活动，也因此有了区分个人等级的含义。

商周时期，玉璧迎来了大发展，并继承了其在新石器时代的用途。玉璧首先是一种祭器，《周礼》中就有“以苍璧礼天，以黄琮礼地”的记载。那时，祭祀与战争是一个国家最重要的两件事，祭天又是最重要的祭祀活动。玉璧在当时社会生活中的神圣地位，由此可见一斑。正因如此，玉璧不仅成为中国古代玉文化中最核心的一种玉器，还成为中国文化传统的象征。中华人民共和国成立前夕，我国著名建筑师林徽因设计的国徽方案，主题就是一枚玉璧。

与此同时，玉璧还是贵族的专用礼器，一种身份的标志，《周礼》就有“子执谷璧，男执蒲璧”的规定。商周时的玉璧比新石器时代的小。随着工艺水平的提高，这时的玉璧已能够打磨成圆形，表面非常平滑，内外缘的厚度也基本一致，比此前的玉璧工整多了。到了西周，尽管大型玉璧还是朴素无纹的，但小型玉璧上开始出现雕琢精美的纹饰，包括龙纹、凤纹、鸟纹等。

进入春秋战国，玉璧达到了鼎盛时期，进一步走下神坛，成为人们生老病死跟随一生的重要用品。大量的玉璧成为人们日常佩戴的饰物，或者是礼仪场合手执的信物。古人常用玉来比拟美好的品德，因而精美的玉器就成了君子的象征。就像《诗经·秦风·小戎》里说的那样：“言念君子，温其

汉代龙纹玉璧（中国国家博物馆藏）

如玉。”

当时的王公贵族不仅活着的时候把佩戴玉器当作一种规范和时尚，就连死去，也要在墓中陪葬很多玉器。今天，在战国到秦汉的很多贵族墓葬中，都发现了用来陪葬的玉璧。

从出土的玉璧来看，春秋战国时期的玉璧大多用新疆的青、白、碧玉制成，用于佩戴的玉璧相对较小，直径一般在 10 厘米以内；用于随葬或者礼仪场合的玉璧略大一点，直径在 15—25 厘米。玉璧非常薄，厚度在 1 厘米左右。而玉璧表面的花纹越来越复杂、越来越细致，也越来越生动。伴随着镂空、浮雕工艺的成熟，玉璧的样式也越来越多，让人眼前一亮。玉螭凤云纹璧就是在这种背景下诞生的。

很多人都推断，玉螭凤云纹璧就是用于佩戴的一种玉璧，而且还不是独立使用的，应该是一套大型玉配饰中的主要部分。由此可见，当年佩戴玉螭凤云纹璧之人的身份是多么不同寻常！

到了汉代，玉璧的形体又变大了，有的甚至直径能够达到 30—50 厘米。不过，从东汉开始，玉璧的数量便逐渐减少。唐宋以后，使用玉璧的场合越来越少，玉璧也大多是模仿前代的样式了。

和氏璧的传说

到这里，玉螭凤云纹璧和玉璧的故事基本讲完了。不过，既然我们是从“完璧归赵”谈起，不妨以这则成语的主角和氏璧作为结尾。

相传春秋时期，有一位特别善于雕琢玉石的工匠，名叫卞和。一次，卞和在楚山中发现了一块璞玉。所谓璞玉，就是里面包裹着玉石的原始石料。卞和认为，从这块璞玉中一定能开出精美的玉石。于是，他就捧着璞玉去见楚厉王。

听了卞和的报告，楚厉王颇为动心，便将这块璞玉交给玉石工匠。可工匠们都说，这不过就是一块普普通通的石头，根本开不出美玉。楚厉王大怒，以欺君之罪砍下了卞和的左脚。

楚厉王去世后，楚武王即位。已经成为残疾人的卞和再次捧着璞玉入见，楚武王找人查验，得出的结论仍然是石头。卞和又一次因欺君之罪，被砍下了另一只脚。

楚武王去世后，楚文王即位，卞和抱着这块璞玉在楚山下哭了三天三夜，直到把眼泪流干，哭出血泪来。楚文王听说后，赶紧派人去问卞和：“这天底下因犯罪被砍脚的人多了去了，你为什么哭得这么伤心啊？”卞和回答：“我不是因为被砍脚而伤心，是因为宝玉被当作石头，忠贞之士被诬蔑为撒谎的人，而感到悲伤。”楚文王听了卞和的申诉，终于派人剖开了璞玉，里面果然藏着绝世珍宝。后来，楚文王命人将这块玉做成玉璧，为了纪念卞和的功绩，将之命名为“和氏璧”。

战国时期，赵惠文王辗转获得这块绝世宝璧。秦昭襄王听说后，给赵王写信，称愿以 15 座城来换和氏璧。当时秦国强大，赵王怕给了和氏璧，秦国根本不会给城；届时赵国不仅失去宝贝，更丢了颜面。关键时刻，蔺相如毛遂自荐，带着和氏璧来到秦国。他见秦王毫无诚意，便想尽办法最终将和氏璧完完整整带回了赵国。这就是完璧归赵的故事。

再后来，秦始皇一统六国，和氏璧终还是进入了秦朝的宫殿。据说，这块宝玉最终被做成皇帝的玉玺，被此后历朝历代的皇帝传承下去。到了五代时期，用和氏璧制成的玉玺在战乱中遗失，再也找不到了。

尽管我们和大名鼎鼎的和氏璧无缘相见，但从玉螭凤云纹璧的身上，多少还是能够感受到在当年玉璧的巅峰时期，天下瑰宝所具有的无穷魅力。

肆

寒玉永生
西汉中山靖王刘胜金缕玉衣

【国宝档案】

名称：西汉中山靖王刘胜金缕玉衣

年代：西汉中期，汉武帝元鼎四年（前113年）以前

规格：长188厘米

材质：玉片

出土时间：1968年

出土地：位于今河北省保定市满城区西汉中山靖王刘胜墓

文物保护：2002年列入《首批禁止出国（境）展览文物目录》

收藏地：河北博物院

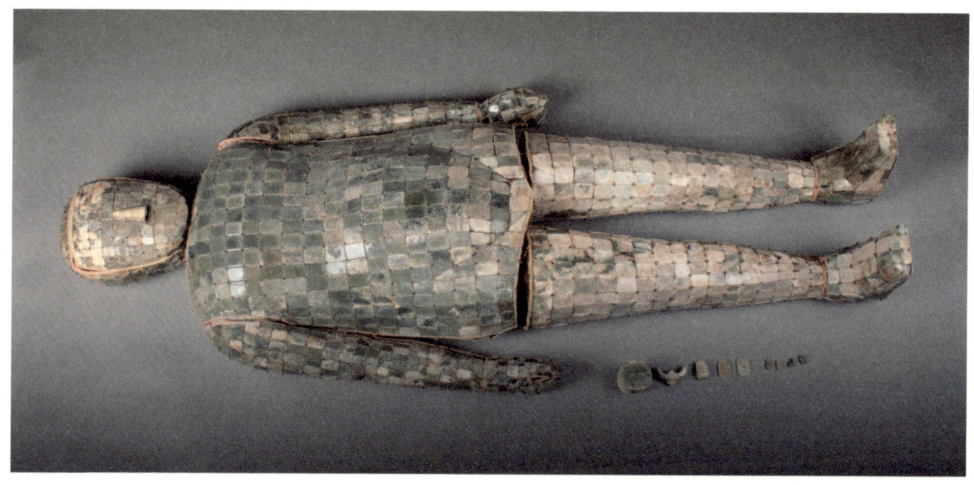

西汉中山靖王刘胜金缕玉衣

刘备先祖身穿的金缕玉衣

1968年，在河北省满城县西南的陵山，解放军战士正在进行一场爆破。可随着一声巨响，一名战士却突然随着碎石沉了下去，眼前出现了一个漆黑的洞口。不久，时任中科院院长的郭沫若亲自带领一支考古队伍，来到这座新发现的古墓进行发掘清理。墓主人是西汉前期的中山靖王刘胜，在其墓北面还发现了他的妻子窦绾的墓室。

刘胜是何许人也？如果你看过《三国演义》，可能会记得这么一句话："中山靖王刘胜之后，汉景帝阁下玄孙，姓刘，名备，字玄德。"没错，大名鼎鼎的"刘皇叔"便是刘胜的后代。

刘胜是汉景帝之子，于景帝前元三年（前154年）受封为中山国的王，武帝元鼎四年去世。在四十二年的统治生涯中，刘胜做的最著名的一件事，便是生了100多个儿子。在这些儿子的后人里，除了刘备，还有汉武帝的宰相刘屈氂（máo）、西晋名士刘琨，连唐代著名诗人刘禹锡也自称是刘胜之后。

世人会记住刘胜优秀的后代，却不会因为这些后代的优秀而记住他。真正让他留名青史的，是他在生前下令为自己与妻子窦绾打造的两件金缕玉衣。它们是迄今为止发现的年代最早、保存最完整的金缕玉衣，堪称我国的顶级国宝。

顾名思义，"金缕玉衣"就是用金丝把许多玉片串连起来做成的衣服，只不过这种衣服不是给活人穿的，而是给亡者穿的，本质上就是一种寿衣。刘胜穿的这件金缕玉衣全长188厘米，共用约2498片玉片、约1100克金丝；窦绾那件金缕玉衣，则用了2160片玉片、700克金丝。

一件完整的金缕玉衣分为头部、上衣、袖子、手套、裤筒和鞋6个部分，其中头部由脸盖和头罩构成，上衣由前片和后片构成，袖子、手套、裤筒和鞋自然也是左右分开的。这些部分彼此都可以分离，就好像是裁缝缝制的一件衣服。玉衣的头部还有高高隆起的鼻子，三个狭窄的缝隙则代表了两只眼睛和嘴巴。

等级森严的玉衣

刘胜为何要为自己和妻子各准备一套金缕玉衣呢？原来，在汉代，人们认为“玉能寒尸”，把玉石、金银做成的器物穿戴在去世的人的身上，就可以保住人的精气，使尸体长久不会腐烂。正因如此，当时的王公贵族纷纷使用金玉来陪葬，希望自己来世还能重生。当然，这种美好的愿望并没有科学依据，当我们今天打开汉代的墓穴时，那些墓主人早就化作泥土了。

汉代的玉衣一共有三种，除了金缕玉衣，还有银缕玉衣和铜缕玉衣。显然，规格最高的莫过于金缕玉衣。按照当时的规定，只有皇帝驾崩后才有资格穿金缕玉衣，像刘胜这样的诸侯王本来只能穿银缕玉衣，而一般的贵族和长公主，只能穿级别更低的铜缕玉衣。不同的玉衣象征着不同的身份等级。

那么问题来了，刘胜作为诸侯王，为什么能够穿上皇帝级别的金缕玉衣呢？有人说，刘胜去世时，玉衣的等级划分没那么严格；也有人说，这是汉武帝对这位兄弟的厚爱。无论真相到底如何，金缕玉衣都代表着当时至高无上的身份等级。在古代社会，等级划分非常严格。人们活着时，要受到等级的制约；去世了，仍然逃脱不了这种森严的秩序。

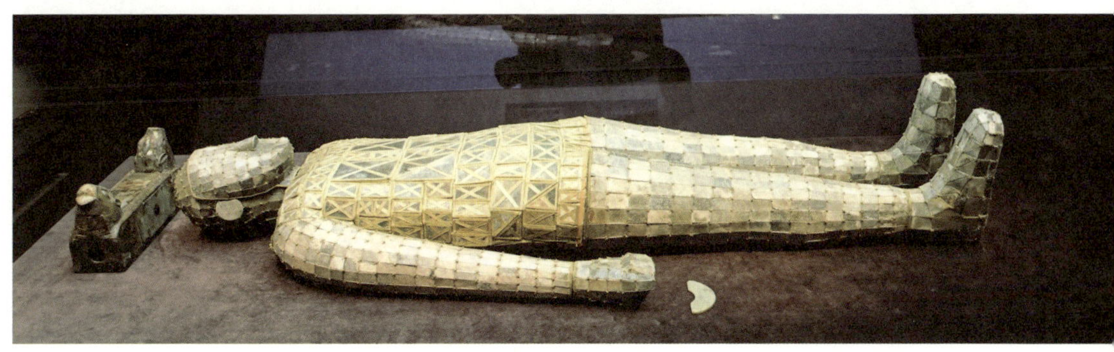

西汉中山王后窦绾金缕玉衣（河北博物院藏）

专业的制作团队，高超的制作工艺

由于在等级森严的社会中，金缕玉衣象征着帝王贵族的高贵身份，它的制作工艺必然有着极其严格的要求。

汉代统治者专门设立了东园，作为制作玉衣的机构。玉料从遥远的地方运到东园以后，工匠要进行选料。然后经过一道道工序，把玉料加工成数以千计、一定大小和形状的小玉片。这些大小、形状各异的玉片，都是工匠根据人体的不同部分严密设计出来的。每一片玉片在制作成形后，都要由人工钻孔、抛光。通常小孔的直径只有 1 毫米，足见钻孔工艺之高超。最后，工匠用金丝穿过一枚枚玉片上的小孔，将它们串连起来，编织成一件华丽的金缕玉衣。

金缕玉衣的 6 大部分，最难制作的要数手套，这个套盖五根手指的部分极为精巧。编织玉衣的金丝一般长四五厘米，最细的金丝直径只有 0.08 毫米，跟一根头发丝差不多细。而这样的细丝，竟然分布在手套的各处。

“工欲善其事，必先利其器。”要完成如此精细的工艺，除了要有一手好

西汉徐州楚王陵金缕玉衣（徐州博物馆藏）

手艺外，还要依靠有效的工具。当时工匠磨锯玉片，就使用了较为高效的轮轴切割机械；抛光也使用了“砂轮”和“布轮”等在当时很先进的打磨工具。

制作一件金缕玉衣，需要如此复杂精致的工艺，即便是在今天，也要由上百个工匠花费两年多的时间才能完成，更遑论还处在公元前的西汉王朝。据说，制作一件中等型号的玉衣，几乎要耗掉当时百户中等人家家产的总和，叹为观止。

旷世难得的艺术瑰宝

迄今为止，我国汉墓中已发现 20 余件金缕玉衣。除了刘胜夫妇这两件外，比较著名的还有刘疵玉衣、梁孝王玉衣和楚王陵玉衣。

1978 年 5 月，山东省临沂市文物组对位于柳青街道洪家店村西北的刘疵墓进行发掘，发现一套金缕玉衣。这套玉衣是我国迄今为止发现的唯一一套只有脚套、手套和头套而没有四肢和上身的玉衣。整套玉衣长约 180 厘米，用了 1140 片玉片。这些玉片打磨得很薄，晶莹细腻，每片玉片的角和边缘都钻有小孔。金丝以十字交叉的方式穿过小孔，使玉片连缀而成。

梁孝王的玉衣则充当了中华人民共和国的外交“使节”。1986 年，在河南省永城市芒砀（dàng）山僖（xī）山汉墓出土的金缕玉衣长 176 厘米，由 2008 块玉片以金丝编缀而成。这件玉衣是梁孝王的陪葬品。1988 年，它参加了在北京故宫举行的全国出土文物精华展；1991 年，更作为中华人民共和国与新加坡建交的“先行使者”，赴新加坡参加展出，为中国赢得了荣誉，也为中华人民共和国的外交事业做出了贡献。

最著名的还要数徐州楚王陵的金缕玉衣。1994—1995 年，徐州狮子山的楚王陵出土了这件玉衣，后由徐州博物馆的工作人员花费两年多的时间才将它修复完成。楚王陵玉衣是目前我国出土的金缕玉衣中玉质最好、玉片数量最多、工艺最精湛的一件。它的主人可能是西汉初年参加七国之乱的楚王刘戊。楚王陵玉衣长 174 厘米、宽 68 厘米，用大小玉片 4248 片，连缀玉片的金丝重 1576 克。制造这件玉衣的玉石全部是来自新疆的和田白玉、青玉，温润晶莹。玉衣设计精巧绝伦，做工细致，拼合得天衣无缝，是旷世难得的艺术瑰宝。

金缕玉衣与厚葬之风

耗费巨资来制作陪葬品，这在汉代是一种风俗。

早在秦朝，人们就崇尚厚葬。汉以后，此风气不但没能得到扭转，反而愈演愈烈。

一方面，经过汉初的休养生息，社会出现了“文景之治”的繁荣景象，达官显贵经济上更殷实了，自然就有了在生活上穷奢极欲的可能。人们不仅在生前追求荣华富贵，还想把这种荣华富贵带到另一个世界。厚葬之风在社会中迅速蔓延，很多人宁可倾家荡产，也要把用料豪华、做工精致的工艺品带到棺椁里。

另一方面，汉武帝以前，西汉承接了秦朝乃至先秦时代的不少文化，阴阳五行、神仙方术极为盛行，连武帝本人都花费了毕生精力去寻仙访药，一心想要长生不老。因而，上至一国之君，下至黎民百姓，尽管身份不同、等级不同，内心深处却都将祖宗崇拜与鬼神崇拜紧紧联系在一起，视死如生。

在一心追求厚葬的背景下，王公贵族倾力去打造一件金缕玉衣、银缕玉衣或是铜缕玉衣，也就不足为奇了。

然而讽刺的是，金缕玉衣不仅不能保护王公贵族尸骨不腐，价值连城的随葬品反而使他们在去世后不得安宁——盗墓贼纷纷慕名而至。很多汉代的帝王陵寝都遭到盗墓贼的反复洗劫。

三国时期，魏文帝曹丕下令，禁止使用金缕玉衣。从此，极尽荣华的金缕玉衣才不得不退出历史舞台。

伍

雅俗相宜的吉祥珍宝
清代翠玉白菜

【国宝档案】

名称：清代翠玉白菜

年代：清代后期，1840—1912 年

规格：长 18.7 厘米，宽 9.1 厘米，厚 5.07 厘米

材质：翡翠

收藏地：中国台北故宫博物院

清代翠玉白菜

最接地气的“镇院之宝”

2011年，中国台北故宫博物院举行了一项盛大的文物活动，根据“历史性、重要性、稀少性、艺术性、人气性”的原则，从68万件文物藏品中，评选出100件精品。在这100件文物精品里，“翠玉白菜”的名字赫然在列。后来，台北故宫又评选了“十大镇馆之宝”，翠玉白菜仍然榜上有名。

平日，台北故宫博物院将藏品依次轮流展览，通常是每三个月换一次，但由于受展厅面积所限，要让68万件文物逐一亮相，至少需要三十年的时间。因此，每件文物的亮相展出，都是极为难得的机会。尽管被展出的文物常换常新，但有三件却始终不曾换过，那就是翠玉白菜、东坡肉和毛公鼎，以至于现在干脆将三件文物合称为“三大镇馆之宝”。

这究竟是一棵怎样的白菜，能够一路过五关斩六将，与堪称“国之重器”的毛公鼎平起平坐，成为我国台北故宫博物院的掌上明珠?

翠玉白菜由一块一半灰白、一半翠绿的翠玉石料雕琢而成，玉雕师运用了玉石自然天成的色泽分布，把玉料的绿色部位雕成菜叶、灰白色部位雕成菜帮，将石料上的裂痕藏在弯弯曲曲的叶缘、叶脉之中，琢出一棵菜茎白嫩、菜叶翻卷的“新鲜”白菜。

玉雕师在雕塑白菜时，还有一个非常灵巧的设计。原始玉料有一些瑕疵，正好在绿色区域。玉雕师索性将它设计成两只趴在菜叶上的小虫，一只是蝗虫，另一只是螽（zhōng）斯。两只小虫的每根触角都清晰可见，足见玉雕师的精湛技艺。它们活灵活现、生动有趣，使一棵本来静止的白菜，瞬间变得生机勃勃。可以说，正是在如此巧妙的设计下，玉料的不完美成就了翠玉白菜的完美。

在我国的民俗传统中，翠玉白菜有着非常吉祥的寓意。早在清初，就出现了以白菜为造型的竹雕一类的物品，只不过那时的白菜另有寓意。乾隆皇帝曾为自己的一件白菜玉雕题诗，提醒自己，玉匠是通过玉雕艺术在向自己进谏，自己应该勤政，使“民无此色”。

不过，随着时间的流逝，白菜玉雕的政治色彩日益淡化，反而“说”起了老百姓爱听的“吉祥话”。“白菜”谐音“摆财”，寓意增添财富；白菜叶青梗白，寓意清白，象征人品纯洁，又象征新娘的纯洁。两只小虫也不是玉雕师们随意为之，而有着多子多福的美好寓意。

这些美好的愿景，为翠玉白菜带来了意想不到的人气。台北故宫博物院原院长冯明珠就曾指出，这棵翠玉白菜在院里藏品中算不上最佳品，院里收藏的玉质白菜也不止这一件，但这样接地气的文物就是深受民众喜爱。

的确，单论文物价值，翠玉白菜在中国玉器发展史上并不是那么重要，也不是举世无双的稀有珍宝。2005 年，台北故宫博物院对文物进行了分级评定，人气最旺的翠玉白菜仅仅被评为重要文物。都已经是台北故宫博物院的“三大镇馆之宝”了，怎么还会只是重要文物呢，翠玉白菜真的那么差劲吗？

原来，台北故宫博物院的文物分级相当严谨，有一套非常严格的标准和规范。在专家看来，最高级别的文物应当具有历史上不可取代、拥有唯一的文化内涵、年代久远等条件。而这棵“人气王”居然一个都不占。

翠玉白菜的工艺虽然精湛，但还达不到顶级水平。其实，清代玉器工艺的巅峰时期在乾隆朝，著名的“大禹治水图”玉山、“桐荫仕女图”玉山、和阗白玉错金嵌宝石碗等，都是“康乾盛世”的精品。

翠玉白菜也并非是独一无二的。据清宫档案记载，这样的白菜至少有 6 棵，公开面世的已经有 5 棵了，仅台北故宫就有 3 棵。与此同时，天津市财政局的库房里曾于 1950 年发现了一棵翠玉白菜，质地虽然不及台北故宫的那棵，却有白、绿、黄三种颜色。白菜是绿叶植物，带有黄色的玉料通常不会用来做成白菜。可这棵白菜的玉雕师构思极为精巧，反而利用黄色的玉料，栩栩如生地将白菜的天然感觉表达了出来。还有两棵翠玉白菜名气更大，是慈禧太后的陪葬品。可惜，民国时孙殿英盗掘了慈禧的陵墓，这两棵白菜从此不知去向。

既然数量不少，工艺也不具备不可替代性，翠玉白菜自然无法被评为最高级。然而，无论是形象还是寓意，翠玉白菜都让人倍感亲切，有着别具一格的民间魅力。

量材就质

将一块珍贵的玉料雕刻成精美的玉雕，除了要精湛的手艺，还少不了巧妙的设计。对于设计的最高要求，是“量材就质”。换言之，玉雕师在设计玉雕时，要顺应玉料自然天成的外形或色泽，这是一种在外设条件的限制下发挥创造力的创作方式。

就像前面说的，翠玉白菜哪里刻叶子、哪里刻菜帮，甚至哪里放上一只小虫子，依据的完全是玉料自然形成的色泽。在此过程中，玉雕师就像一位

清代翠玉白菜局部

协调天然与人工的中间人。

在玉雕师的刻刀下，自然材质、匠心设计、意蕴象征，这些美好的因素最终完美结合在一起，诞生了这样一棵人见人爱的翠玉白菜。

瑾妃的陪嫁物

除了雕工巧妙精致、意蕴吉祥外，这棵翠玉白菜还有一大吸引力——其身后隐藏的“八卦”。

晚清时期，翠玉白菜曾陈设于紫禁城内的永和宫，这里是清末光绪皇帝的妃子瑾妃的寝宫。围绕着瑾妃和翠玉白菜，引发了不少是是非非。

相传，清朝礼部侍郎长叙的两个女儿同时被选为光绪的嫔妃。姐姐瑾妃爱财，陪嫁多是金银珠宝；妹妹珍妃爱书，陪嫁物都是古书典籍。父亲一看两个女儿陪嫁差别有点大，便把传家之宝翠玉白菜给了珍妃作为补偿。还有一种说法，说这棵翠玉白菜是瑾、珍二妃的母亲留下来的，本来也是明确要交给珍妃作为嫁妆用的。在母亲看来，这块一半冰清、一半翠玉的珍品寓意清清白白，正好与珍妃的善良秉性相称。

不管哪种说法，翠玉白菜本来都是珍妃的。可生性蛮横的瑾妃知道后，非常不高兴，吵着闹着要占有这棵传家白菜，无意争抢的珍妃便将之让给了姐姐。从此，翠玉白菜就成为瑾妃的嫁妆，跟随其一路进入清宫。

这些故事很像是后人同情珍妃、谴责瑾妃而编出来的，不过它却向我们透露了一个信息——翠玉白菜是瑾妃的嫁妆。

种在花盆里的翠玉白菜

翠玉白菜虽进了紫禁城的永和宫，但瑾妃对它的陈列方式相当奇怪。根据参与故宫首次展览工作的那志良先生回忆，翠玉白菜本是与一丛灵芝一起种在一个珐琅花盆里的，是“宝石盆景”的一部分。可在举办展览前夕，策展人认为这样的搭配方式实在不协调，便将白菜从“宝石盆景”中拆离，并为之专门配了一个木座，由此成为今天翠玉白菜的样貌。搭配不协调，其实只是一个说辞。用更直白点的话说，这样摆放翠玉白菜，是把一件精美高洁的玉器摆出了暴发户的调性。

那么，瑾妃为何要把一棵寓意如此美好的翠玉白菜，扔到一个花盆里“种”起来呢？有人说，她是不学无术，根本无法理解翠玉白菜蕴含的美好寓意，便胡乱“种”了起来。也有人说，事情可能没有这么简单。毕竟瑾妃是满洲贵族，不可能不认识这件宝贝。她把翠玉白菜“种”起来，大概还有其他原因。比如，这真的就是其本人的一种特殊爱好。想来比翠玉白菜更珍贵的宝贝，瑾妃也没少见，一棵翠玉白菜在皇家人眼里实在算不上什么特别。

另一种可能，也许是瑾妃对自己婚姻的无奈。

光绪十四年（1888 年），在选后大典上，瑾妃、珍妃姐妹同时入选，成为光绪皇帝的妃子。第二年正月行大婚礼后，二人分别以瑾嫔和珍嫔的身份入宫。当时，永和宫极重排场，特派乾清宫总管太监一名、敬事房总领太监两名及本宫首领太监，到家里迎接瑾妃进宫，仪仗队在前面引导，乐器吹奏，隆重盛大，气派非凡。

然而，表面的光鲜却无法掩盖瑾妃内心的痛苦。光绪皇帝喜欢的是妹妹珍妃，对瑾妃几乎毫无感情可言。特别是光绪二十六年（1900 年），八国联军侵入北京，慈禧太后在仓皇裹挟光绪皇帝逃亡的同时，将她恨之入骨的珍妃推入井中。失去真爱的光绪皇帝不但没有移情别恋，反而对皇后和瑾妃更加冷淡。

面对这样的无奈，瑾妃毫无办法。纵使翠玉白菜寓意着吉祥如意，可现实世界却既缺少吉祥，也并无如意。与其将翠玉白菜供起来，等待奇迹；还不如就把它放在花盆里，当成一件普通的摆设。

光绪三十四年（1908 年），38 岁的光绪皇帝突然驾崩。直到皇帝病逝，瑾妃也没有像妹妹珍妃那样，获得皇帝的垂青。不久，清朝灭亡，瑾妃继续在紫禁城的永和宫居住。1924 年，瑾妃病逝于永和宫，享年 51 岁。瑾妃去世不久，冯玉祥便发动兵变，将末代皇帝溥仪逐出紫禁城。而曾经在八国联军入侵期间随皇帝颠沛流离的瑾妃，这次反而因祸得福，没有再受惊吓之灾、颠簸之苦。不知这不幸中的万幸，是不是翠玉白菜为她带来的福报呢?

第三章

国之重器，举世无双：中国青铜器之美

导语

新石器时代，人们渐渐发现在冶炼铜和铸造铜器时，按照一定比例加入锡和铅，就可以使铜变得更加坚硬。用这种铜合金制造的铜器不仅更加结实，也更容易铸造成型，而且给人一种尊贵、豪华和神秘的感觉。唯一美中不足的是，铜合金经过千百年的风吹日晒后，会被慢慢腐蚀，显现出青绿色，人们就把这种铜合金称为“青铜”。这项技术随着人类的迁徙迅速传播，人类文明也随之先后进入青铜时代。

我国发现的最早的青铜器，是马家窑文化遗址出土的铜刀。马家窑文化位于今天的甘肃和青海东北部一带，距今有五千年之久。到了距今四千年前，华夏文明正式迎来了自己的青铜时代，接踵而至的还有“中华第一王朝”的崛起。在此后的岁月里，小到铜牌装饰，大到钟鼎礼器，举世无双的青铜器将铸造工艺一次又一次推上新的巅峰，它们承载着国家的使命，传承着文明的希望，是当之无愧的“国之重器”。

壹 中华第一王朝的见证

二里头文化镶嵌绿松石兽面纹铜牌饰

【国宝档案】

名称：二里头文化镶嵌绿松石兽面纹铜牌饰

年代：二里头文化，前 1735—前 1530 年

规格：长 14.2 厘米，宽 9.8 厘米

材质：铜、绿松石

出上时间：1981 年

出土地：位于今河南省偃师市二里头遗址 M4 墓

收藏地：中国社会科学院考古研究所

1981 年出土的二里头文化镶嵌绿松石兽面纹铜牌饰

中华第一王朝——“二里头王朝”

1959年，考古学者在位于今河南省洛阳市偃师区翟镇镇的二里头村一带发现了二里头遗址。随着发掘面积的不断扩大，人们发现这是一座曾在上古时代辉煌一时的宏伟都邑。遗址中，有迄今为止中国最早的城市干道网络、最早的宫殿、最早的中轴线布局的宫室建筑群、最早的大型四合院和多进院落宫室建筑、最早的官营作坊区、最早的青铜器铸造作坊、最早的绿松石器作坊、最早的青铜礼器群……

这众多的“最早”，引起了人们的广泛关注。学者将这一片文化遗存命名为“二里头文化”。其存在时间约在公元前1735年至前1530年之间，大体相当于夏朝晚期、商朝早期。不少学者主张，二里头文化就是夏朝文化，二里头遗址就是夏王朝晚期的首都。

尽管在学术界二里头文化能否和夏王朝画等号尚存在争议，但毋庸置疑的是，该文化是一个高度发达的青铜文化，是中华大地早期国家的大型都邑。正因如此，今天也有人称它为“二里头国家”或“二里头王朝”。

中国最早的“金镶玉”

现在，终于轮到我们的主角——镶嵌绿松石兽面纹铜牌饰隆重登场了。

1981年秋，考古工作人员在编号为M4的墓葬中清理出一件镶嵌有绿松石的铜牌饰。这是在二里头遗址考古发掘工作中，首次出土的铜牌饰，意义重大。

这件铜牌饰整体呈圆角的长方形，中间呈弧状束腰状，长14.2厘米，宽9.8厘米。在铜牌饰长边的两侧，分别有两个对称的半圆形穿孔。铜牌饰由青铜铸造，正面略微拱起，镶嵌着200多块被打磨成不同形状、大小各异的绿松石片。绿松石是一种呈现淡蓝色或蓝绿色光泽的柔和玉石。这些绿松石片

1984 年二里头文化镶嵌绿松石兽面纹铜牌饰（二里头夏都遗址博物馆藏）

在铜牌饰上拼接在一起，构成一只张牙舞爪的神兽。神兽圆睁的双目由两颗浑圆的绿松石珠制成。在勾云纹的勾画下，它面目狰狞、耀武扬威，充满了一种神秘、庄重又略带恐怖的感觉。

由于年代久远，铜牌饰早已生了铜锈，呈现出青绿色。但在当时，铜牌饰的青铜还是古铜色，与蓝绿色的绿松石交相辉映。我国古代把青铜称为“吉金”，把玉称为“石之美”，镶嵌绿松石铜牌饰可以说是中国最早的“金镶玉”艺术品——这又成为二里头遗址的一个“最早”。

在一块巴掌大小的铜牌上，镶嵌如此之多的绿松石，组成如此生动的图案，其工艺之精、难度之大，真可谓叹为观止！

更令人惊讶不已的是，如此令人赞叹的铜牌饰并非绝无仅有。1984 年，还是在二里头遗址的高等级贵族墓葬中，考古学者又发现了一件镶嵌绿松石兽面纹铜牌饰。与之前的铜牌饰相比，这件铜牌饰不仅规格更大，而且经历了三四千年，数百片绿松石竟无一片脱落，堪称奇迹。1987 年，第三件镶嵌绿松石兽面纹铜牌饰在二里头重见天日。后来，在其他地区也陆续出土了相似的铜牌饰，甚至美、英、日等国的多家著名博物馆、美术馆乃至私人收藏家手中，也收藏着 10 余件类似的铜牌饰。镶嵌绿松石铜牌饰已成为二里头文化独具特色的艺术品之一，代表着二里头文化的一种精神内涵。

分工明确的工艺技术

既然是“金镶玉”，离不开金，也离不开玉。通过二里头遗址，考古学者发现，当时的人们对于金、玉的加工有明确的分工，分别在绿松石器作坊和青铜器铸造作坊里制作加工绿松石器和青铜器。

考古工作者在二里头遗址宫殿区的南边，发现了一处中国最早的绿松石器作坊。在那里又出土了数千枚绿松石块粒，其中有相当一部分已经过加工，带有明显切割和打磨过的痕迹。此外，人们在二里头遗址还发现了最早的青铜器铸造作坊。

三四千年前，生活在二里头一带的人们在开采了绿松石的石料后，将它们运往绿松石器作坊。在这里，人们对石料进行打击、劈裂、切割、研磨、穿孔、抛光等一系列加工，再将它们镶嵌、拼合在从青铜器铸造作坊里制作出的铜牌饰上，由此创造了一枚枚巧夺天工的艺术品。

1987 年出土的二里头文化镶嵌绿松石兽面纹铜牌饰（中国社会科学院考古研究所藏）

铜牌饰上的中国龙

华丽精美的绿松石铜牌饰绝不是一种普通艺术品或者装饰物，而是一种庄严尊贵的礼器。在我国早期的国家中，宗教氛围是相当浓厚的。绿松石铜牌饰隐隐透露着当时的宗教气息。

这些铜牌饰到底是用来做什么的呢？有人推测是权杖，有人认为是护身符，有人说是神像，还有人指出这是巫师作法时的法器，种种说法不一而足。

与之相类似，关于铜牌饰上的兽面纹，画的究竟是哪种动物，学者们也吵翻了天。龙、虎、鹿、羊、狗、狐狸、鸟、猫头鹰、鳄鱼……大家纷纷提出自己的猜测，却谁也说服不了谁。众多推测中，“龙面纹”的说法最有意思，还获得了另一件国宝的佐证。

2002 年春，考古学者在二里头遗址宫殿区的一座贵族墓中，发现了一件

二里头文化绿松石龙形器（二里头夏都遗址博物馆藏）

大型的绿松石龙形器，这条“龙”长达70厘米，放在墓主人的骨架上。整条“龙”用2000余片形态各异的细小绿松石片组合而成，单片绿松石边长仅2—9毫米，厚度更是只有1毫米左右。这些绿松石片最初粘嵌在木头、皮革之上，如今木头和皮革早已腐烂，但由绿松石片组成的“龙”巨头蜷尾，身体曲伏有致，依旧栩栩如生。

从制作工艺上看，这条“巨龙”堪称镶嵌绿松石铜牌饰的升级版，如此巨大而制作精美的绿松石工艺品，在中国早期文物中十分罕见，有着强烈的宗教意义。有学者就指出，这条“巨龙”可能最初粘嵌在一块红漆木板上，成为“龙牌”，是宗庙管理人员在祭祀场合使用的仪仗器具；有学者认为这可能是一面旌旗；还有学者干脆就管它叫“龙杖”。

参考“巨龙”的形象和内涵，镶嵌绿松石铜牌饰上的兽面纹可能画的也是条龙。而且在出土铜牌饰和“巨龙”时，还伴随着铜铃，这不禁让人想起西周时周王祭祀宗庙的场景。《诗经·载见》中有句：“龙旂阳阳，和铃央央。”是说祭祀中，会使用一种画有蛟龙图案的旗子，旗上还挂有铃铛，发出和谐悦耳的声音。二里头的墓主人在安葬时，佩戴上这样的龙旗、龙纹铜牌饰和铜铃，很可能与《诗经·载见》中描述的情形一样，就是为了引领亡灵升天。

其实，出土铜牌饰的M4等墓葬，是目前在二里头遗址中发现的等级最高的墓葬之一，墓主人很可能是当时具有极高地位的巫师。在铜牌饰的背后，不仅是精美的工艺，还有墓主人生前掌握的世俗权力，以及与天神沟通的神权。伴随着尊贵身份和无上权力的，正是那一条条的神秘庄严的“龙”。

早期中国的历史见证

相传，黄帝在建立部落联盟后，决定从各个部落的图腾中各取一部分，组成新的图腾。他以蛇为身，以鱼鳞护蛇身，以狮头为蛇头，狮尾为蛇尾，以鹿角为蛇角，以鹰爪为蛇爪，拼接出的新“动物”便是龙。

尽管这只是传说，其背后却也透露着真实的历史。镶嵌绿松石铜牌饰的龙纹并不是横空出世，就像黄帝制造龙图腾一样，铜牌饰的龙纹也经历了从“多元”到“一体”的演变。

在新石器时代，我国各地的不少文化都有自己的“龙”，山东、山西、辽东等地的人们都有自己尊奉的动物形象，我们前面曾提到的红山文化玉龙就是其中的一种。二里头文化通过强有力的国家权力，对中原地区的社会文化进行整合，“龙”的形象便从多元走向了一体，正在形成的早期中华民族也随之迎来了关键时期。

就是在二里头的关键时期，“中国”和“中华民族”有了雏形，中华文明的发展获得了空前的大提速。在此后的千年里，我们的都邑从二里头的三平方公里一下扩展到商王朝殷墟的数十平方公里；我们的重要器物，也从温润轻巧的玉器，逐渐变为青铜铸造的“国之重器”。

在史书里，中国从原始社会到早期国家，夏王朝的建立是一个标志；而在文物里，却是从玉器时代向青铜时代过渡的过程。以镶嵌绿松石铜牌饰为代表的二里头文化，正处在这样一个金玉共振的转折点上。

当我们回首历史时，总觉得它是那么遥远而神秘。而这一件件国宝，却忽然间拉近了我们与几千年前的祖先们的距离。在镶嵌绿松石铜牌饰身上，我们看到的是中华民族的文化传承。尽管带有浓重地方色彩和时代特色的镶嵌绿松石铜牌饰，后来随着二里头文化的消亡而逐渐消失，但逐渐固定下来的兽面纹，却在日后成为商、周两朝巨型青铜礼器上最重要的装饰主题；“金镶玉”的工艺也被代代延续下去。时至今日，中国人仍然热衷于金镶玉饰品，谁又能想到这是三四千年前老祖宗留给我们的无价珍宝呢？

可见，镶嵌绿松石铜牌饰虽小，却在中华文明史上有着四两拨千斤的力度，它见证了中华第一王朝的兴衰荣辱，更见证了中华民族从多元走向一体的伟大历程！

贰 镇国之宝 商代后母戊鼎

【国宝档案】

名称：商代后母戊鼎

年代：商代后期，约前 1300—前 1046 年

规格：通高 133 厘米，口长 112 厘米，口宽 79.2 厘米，重 832.84 千克

材质：青铜

出土时间：1939 年

出土地：位于今河南省安阳市殷都区武官村

文物保护：2002 年列入《首批禁止出国（境）展览文物目录》

收藏地：中国国家博物馆

商代后母戊鼎

从殷墟中挖出的国之重器

本书介绍了不少国宝文物，都堪称“国之重器”。不过，要说最名实相副的，恐怕就是接下来要向大家介绍的这一件——后母戊鼎。因为它不仅“重要”，而且分量真的很“重”。

后母戊鼎是商代后期的一件青铜器，是目前我国发现的体积最大、分量最重的青铜礼器，称它是青铜器里的“巨无霸”毫不为过。而且，后母戊鼎也是社会知名度最高的青铜礼器，不仅在中国家喻户晓，在海外也是名声大噪。

后母戊鼎是我们给同学们介绍的第二件商代的文物。你还记得上一件是什么吗？对，就是妇好墓里的玉篦。有没有发现，后母戊鼎和玉篦的出土地点相距很近，都在河南省安阳市境内。本书的后面还会提到两件商代的重要文物，同样来自河南省安阳市。

为什么总是安阳呢？这还要从商王朝的历史说起。约公元前 1600 年，黄河中下游的部落首领成汤起兵推翻了夏王朝的统治，在中原建立了一个新王朝——商。在最初的两百多年里，商朝的都城迁徙了好几次，直到约公元前 1300 年时，在国王盘庚的带领下，商王朝的首都迁徙到了一个叫“殷”的地方。从此，商朝再也没有迁都，统治的核心区域就这样安定了下来。正因如此，人们后来又把商代称作“殷商”“殷代”。而这个在商朝后期有着举足轻重地位的殷，就位于今天的河南省安阳市。

到了 20 世纪，人们终于发现了这片曾经的商朝遗迹，将它命名为“殷墟”。此后，大量的商代文物在这里被挖掘出来。安阳这座小城由此吸引了大量的考古学者和古董商人，连当地的农民也蠢蠢欲动。

1939 年初，安阳武官村的村民吴希增在村外的荒地里真的发现了宝贝，赶紧告诉了同村的吴培文。两人一番合计，决定以迅雷不及掩耳之势挖出宝贝，免得消息走漏，让别人挖走。不久，在吴培文和 40 多个村民的共同努力下，这件在地下尘封三千年之久的无价之宝终于重现天日。人们从来没有见过如此巨大的青铜鼎。

这件青铜巨鼎，便是后母戊鼎。然而，当时日本侵华战争已全面爆发，侵略军就驻扎在不远处。为了避免国宝沦入侵略者之手，吴培文决定将其重新埋入地下。抗日战争胜利后，安阳县古物保存委员会在获悉后母戊鼎的埋藏地点后，于 1946 年 7 月，在当地驻军的协助下将其从武官村再次掘出，陈放在萧曹庙供社会各界参观。

是年 10 月，后母戊鼎作为蒋介石六十寿辰的寿礼，被运往南京。1949 年 4 月，中国人民解放军解放南京，后母戊鼎尚留在此前的“中央博物院”筹备处。1950 年 3 月，“中央博物院”筹备处正式更名为南京博物院，后母戊鼎成为南京博物院的藏品。

到了 1959 年，后母戊鼎又从南京博物院运往北京，被永久收藏在今天中国国家博物馆的前身——中国历史博物馆。

“铁憨憨”的细腻容貌

鼎是中国夏、商、周时期最重要、最具代表性的礼器，不仅是权力和地位的象征，更代表着江山社稷。相传夏王朝的开创者大禹曾铸九鼎，代表着夏王朝对九州的占领。此后九鼎先后被商、周继承下来，秦国灭周后，九鼎逐渐失传。正因鼎有着如此重要的象征意义，因而野心勃勃的王者们要“问鼎中原”，一诺千金的义士被称为“一言九鼎”。

后母戊鼎虽然不属于“九鼎”这样关乎江山社稷的“国家级大鼎”，但它依旧是中国迄今为止发现的最重的青铜器。后母戊鼎高 133 厘米，长 112 厘米，宽 79.2 厘米，重达 832.84 千克，这个重量是什么概念呢？如果把它换成 800 多千克的粮食，足够一个成年人吃上一年半的时间。

不过，如果只是重，后母戊鼎不过就是青铜界的“铁憨憨”。令人惊讶的

商代后母戊鼎鼎耳上的双虎食人头纹

是，以重量著称的后母戊鼎，“容貌”却极为细腻。鼎口沿方折，上面有两个立耳，鼎身为长方体，深腹平底，腹下有四个圆柱状足。

在鼎的两个立耳外廓上，装饰着双虎食人头的花纹，耳侧则装饰着鱼纹。在鼎身的部位，装饰的是以云雷纹为底的饕餮和夔（kuí）龙纹，鼎足的上半部装饰着兽面纹，下半部则为三道弦纹。在鼎的腹内，铭刻着“后母戊”三个字，三字呈“品”字形排列。整体看来，后母戊鼎硕大厚重、庄严沉稳、装饰华丽、繁简适宜，既有一种雄浑大气的王者霸气，又有一种宗教仪式般的神秘肃穆。

当然，正是由于后母戊鼎的霸气，你在观赏它时，可能早就忘了那些精致的细节，比如鼎耳上的双虎食人头纹。

双虎食人头纹不仅见于后母戊鼎，在商代的不少青铜器上，都能见到这对老虎的身影，据说这与一个神话有关。

《山海经》记载了这样一个故事：遥远的上古时代，有一座度朔山，山上种着一棵参天桃树。在桃树的东方有一扇连通阳界与阴曹的“鬼门”，鬼就通过这扇门往返于两界。在鬼门的旁边，一边站着一位守门的神仙，一个叫神荼（shū），另一个叫郁垒（lǜ），他们是民间传说中最早的“门神”。这对门神经常把作恶多端的恶鬼捆绑起来，喂给老虎吃。因而有学者认为，后母戊鼎鼎耳上的双虎食人头纹，就源于神荼、郁垒绑恶鬼喂虎的神话，把这个神话装饰在器物上，为的是辟邪祛灾。

后母戊鼎是怎样炼成的

要铸造这样一件装饰精致的巨型大鼎，绝不是一件容易的事。这既需要成熟的制作工艺与流程，又需要手艺精到的工匠技师，还需要一位卓有成效的管理者和一套行之有效的管理体系。

第一步，准备好充足的原料、足够的人员和开阔的场地。

第二步，轮到“美术设计师”上场了。铸造后母戊鼎使用的是范铸法。首先，在“美术设计师”的指导下，或就是亲自上阵，用陶泥做出大鼎的形状。再在陶泥模型的表面上，刻画出细腻漂亮的图案，雕刻上清晰的铭文。这个过程和制造陶瓷器的泥坯有几分相似，称为“制模”。

第三步，“翻范”。工匠们在陶泥模型表面刷一层油，再敷上厚厚的泥土。等这层泥土干了以后，由于与此前的陶泥模型之间有一层油，因而可以很容易地分块切开，这其实和烙饼的原理差不多。分块切下来的陶泥块，就叫“外范”。抛离出外范后，工匠们再刮掉原来刻在陶泥模型表面的花纹，刮掉的有多厚，将来铸造出来的青铜器就有多厚。这种刮掉花纹的陶泥模型被称为“内范”。内外范合称“模范”。今天我们常说的“模范”一词，就是这么来的。除了鼎耳，后母戊鼎的外范一共有 11 块，鼎身用了 8 块，鼎足用了 3 块。

第四步，是调剂铜、锡和铅等金属的比例。这时，“美术设计师”已经退场，轮到“化学家”一显身手了。《周礼·考工记》载，制作青铜器时，“六分其金而锡居一”，也就是铜和锡的比例为 6 : 1。根据现代科学的分析结果，铸造后母戊鼎的铜占 84.77%、锡占 11.64%，与《周礼·考工记》的记载大体相当；此外，后母戊鼎还含有 2.79% 的铅。这个调剂比例与商代一般青铜器的成分基本相同。工匠们能精确而稳定地掌握青铜的调剂比例，可见当时的科技已发展到一定水平。

完成“翻范”和“调剂”后，工匠们终于开始激动人心的“浇铸”环节了。他们把内范、外范合到一起，就可以把按比例调剂、烧熔成液体的青铜液浇入空腔。

这里还有两个细节值得一提。一是浇铸后母戊鼎到底用了多少铜、锡、铅。后母戊鼎的重量为 832.84 千克，但实际使用的金属重量总和远不止这个数字。因为工匠们在向空腔里灌入青铜液时，一定会有一些液体留在管道里。若把这些浪费掉的青铜液也加在一起，铸造后母戊鼎的青铜估计得有 1000 千克，那就足足有 1 吨重了。二是在冶炼金属矿石、将它们烧熔成液体时，需要用到一种叫“炼埚”的器具，可以把它理解成一个“炼丹炉”。当时使用的“炼丹炉”被今人称为“将军盔”，每个将军盔可熔炼金属 12.7 千克。要将 1000 千克的金属矿冶炼成青铜液，需要近 80 个将军盔同时工作。这对冶炼技术提出了极高的要求。

显然，80 个将军盔同时“开火”，保质保量地完成冶炼任务，再将这些青铜液有序地浇铸到内外范里，是一个巨大的系统工程。假设一个将军盔配备三四个工作人员，80 个将军盔就需要 250 人左右。一个将军盔占地 20 平方米，80 个就要近 2000 平方米的大广场。要管理好这样的工匠团队，就必须有一个管理高手，一面要对团队进行科学的工种分配，协同操作；一面又要掌握好冶炼的火候和精度、浇铸的时间等关键时间点，以保证“产品”质量。稍有差错，就可能前功尽弃，功亏一篑。

后母戊鼎身上的饕餮纹

可以想见，三千年前，是怎样发达的管理体系，造就了规模如此之大、忙碌火热的场景！

浇铸完成后，还要等待青铜液冷却定型，再打破外范，掏出内范，才能获得青铜鼎。最后，工匠们将表面打磨光亮，一个精美的大鼎就出现在众人面前了。

两个小小的遗憾

尽管后母戊鼎是当之无愧的国之重器，却多少还留下了两个遗憾。

一是在浇铸过程中，出现了一个小小的瑕疵。当工匠们将滚烫的青铜液灌入内外范时，由于外范体积过于庞大，青铜液对其的冲击非常强烈，导致外范竟然裂开了。如此，在裂缝附近的部位，外范便会有少许的移动，浇铸出的花纹也就出现了错位，裂缝周围的青铜薄厚自然也就不太均匀。二是后母戊鼎只有一只鼎耳。同学们可能会说：不对啊！图片也好，博物馆里的展品也好，后母戊鼎都是两只耳朵啊，怎么会只有一只鼎耳呢？

其实，今天我们看到的后母戊鼎的两只耳朵里，有一只是假的；另一只虽然是真的，也是后来修复安上去的。当年，吴培文发现后母戊鼎时，大鼎就只剩一只耳朵了，另一只时至今日也无寻觅处。

据说当时有个北京来的古董商人，号称愿意花 20 万大洋的天价购买这只大鼎。可后母戊鼎太大了，以古董商人的能力没法运回北京。他便提出条件，说要把这个大鼎拆成 10 块，然后一块块运回去。彼时的普通百姓并没有太多的文物保护意识，既然有人出了天价收购大鼎，大家当然欣然从命。村民们赶紧到集市上买来几十根钢条，从大鼎的腿部锯了起来。可重器就是重器，这“不坏金身”哪是区区钢条所能打破的！村民们几乎废掉了所有钢条，也才在后母戊鼎的腿上锯了一个 1 厘米深的小口子。

眼看到嘴的鸭子要飞了，有村民实在不甘心，抡起大锤就砸向后母戊鼎仅存的一只耳朵。鼎耳是在鼎身浇铸完成后，又在相应的位置接上模范，再浇铸而成的，因此不同于浑然一体的鼎身、鼎足，相当于是后“粘”上去的，相对脆弱。后母戊鼎出土时丢了一只耳朵，就与此有关。在村民的猛烈锤砸下，仅存的一只鼎耳终于被砸了下来。此后，后母戊鼎变成四条腿撑着光秃秃鼎身的模样。

直到中华人民共和国成立后，山东博物馆擅长修复青铜器的潘承琳师傅来到南京博物院，才修复了大鼎的这只真耳，同时又为它复制了另一侧的耳朵。这样，我们才有机会看到后母戊鼎完整的样子。

从“司母戊鼎”到“后母戊鼎”

后母戊鼎之所以叫“后母戊鼎”，是因为大鼎的腹内刻着“后母戊”。不过，包子老师上学的时候，这件重器还叫“司母戊鼎”，从 2010 年、2011 年开始，“后母戊鼎”才逐渐成为这件国宝在社会上主要使用的名字。

三个文字不是在鼎上刻得好好的吗，怎么以前说那三个字是“司母戊”，突然就变成“后母戊”了呢？

其实，早期的文字还没有完全规范化，加之年代久远，学者们在辨识过程中产生歧义，再正常不过了。比如“司”和“后”字，今天看起来是两个完全不一样的字，可在商代的铭文里，二者的字形几乎完全相同，只不过一个朝左开口，一个朝右开口。

后母戊鼎身上的铭文“后母戊”

那么“后母戊”和“司母戊”到底是什么意思呢？“戊”是人名，“母”是母亲，“母戊”表明这件大鼎的主人是商王武丁的母亲，名字叫戊。学者们对这两个字的解释争议不多。争议集中在“司”和“后”上。主张“司”的学者认为，这里的“司”是祭祀的意思，比如《周礼》中就有一种祭祀，叫作“祠”。“祠”在商代的铭文中简写作“司”，是完全合理的。“司母戊”的意思是，商王武丁为了祭祀自己的母亲戊，铸造了这件大鼎。主张“后”的学者尽管也赞同大鼎是武丁用来祭祀母亲的观点，却认为“司母戊”并不符合语境；相反，如果把“司”解释为“后”，那一切就说得通了。“后”字可能是王后的意思，“后母戊”表示武丁的母后戊。也有人坚持，“后”在这里不是王后的意思，指的是国王本身。“后”在当时确实有君王之意，比如夏朝君主就称“后”，人们甚至称夏人的族属为“夏后氏”。商朝去夏不远，沿用这种用法也很正常。如果是这样，那么“后母戊”的意思就变成王的母亲戊。还有人说，“后”是一个形容词，是武丁对母亲戊的赞美之词。

总之，无论是“司母戊鼎”，还是“后母戊鼎”，也无论“后”字是王后、是国王，还是赞美之词，都不影响这件国之重器在我国历史上的重要地位，更不影响它为我们展现三千年前殷商王朝的璀璨辉煌。

何以中国
西周何尊

【国宝档案】

名称：西周何尊

年代：西周早期，周成王五年（前 1039 年）

规格：通高 38.8 厘米，口径 28.8 厘米，重约 14.6 千克

材质：青铜

出土时间：1963 年

出土地：位于今陕西省宝鸡市陈仓区贾村镇

文物保护：2002 年列入《首批禁止出国（境）展览文物目录》

收藏地：宝鸡青铜器博物院

30 块钱救回的无价之宝

2022 年 2 月 4 日，北京冬奥会隆重拉开帷幕。万众瞩目下，祥云火炬燃起熊熊奥运圣火。同学们可能并不知道，这支巨型火炬的造型源自我国的一件无价之宝——何尊。

为什么是何尊？除了这件青铜器的造型比较符合火炬的外形外，最重要的当然还是它无可替代的文化意义——在这件来自三千年前的青铜器上，我们的先人第一次写下了“中国”二字。

说来也是巧合。在何尊曲折的发现经历中，也与火有缘。当然，它并不是一个火炬，而是差点被扔进火炉里付之一炬。

一切还要从何尊的发现说起。

1963 年，家住陕西宝鸡贾村塬的村民陈堆因为老屋实在住不下人了，便

租了隔壁邻居的两间房子。这两间房子的院子后面有一个土崖。一个 8 月雨后的清晨，陈堆无意间发现坍塌的土崖上放出了两道亮光。好奇的他叫上妻子，爬上土崖，一把挖出一件“铜瓶”。夫妻二人便将这件“铜瓶”藏在家里储存粮食。第二年，陈堆夫妇离开宝鸡，临行前将“铜瓶”交给兄弟陈湖保管。

奈何到了 1965 年，陈湖的生活陷入绝境，为了生计，他将这件“铜瓶”连同废铜烂铁一起卖给废品收购站，换得 30 元钱。那个年代的 30 元钱，可能能顶上农民三四个月的收入了。

我们今天已经知道，这件“铜瓶”就是何尊。如果不出意外，它将伴随身边那堆废铜烂铁一起，被送入熔炉。而我们也将与一个震惊世人的无价之宝失之交臂。

所幸，意外发生了。

当时宝鸡市博物馆有个工作人员叫佟太放。这天，他正好路过市区的玉泉废品收购站。当他看到躺在地上的何尊时，顿感奇怪。那器物造型凝重雄奇、纹饰严谨而富有变化，这也太像青铜器了，只不过破损得有点厉害。佟太放急忙蹲下身来仔细打量，这一看不要紧，居然发现器物上面还有铭文。他立刻意识到，这不仅是一件青铜器，很可能还价值连城。

佟太放立马跑回博物馆，向馆长吴增昆汇报。吴增昆当即让保管部主任王永光前去查看。王永光急忙赶到玉泉废品收购站。幸好大家来得及时，再晚一步，我们可能就没机会看到何尊的真容了。

经过仔细查看，王永光断定这是国宝无疑！他马上掏出 30 元钱，从“死神”手中抢回了何尊。这是宝鸡市博物馆自 1958 年成立以来，征集到的第一件青铜器，因此备受重视。

1975 年，国家文物局在北京故宫举办“全国新出土文物汇报展”，何尊被调往北京展出。著名青铜器专家、时任上海博物馆保管部主任的马承源在清理何尊的铜锈时，发现了其底部的 12 行铭文，并做了初步释读。根据铭文，马承源首次将这件经历坎坷的青铜器命名为“何尊”。

第二年，我国组织重要的文物出国展览，参与活动的美国专家强烈要求文物中必须包含何尊。为了给何尊保驾护航，美国方面专门购买了 3000 多万美元的巨额保险。谁能想到，这件无价之宝当年只值 30 块钱呢？

浑厚雄奇的造型

在我们正式揭开何尊的“中国之谜”前，先来看看它的造型。

尊是古代饮酒的器具。何尊整体呈椭方形，圆口，长颈。在口沿下饰有蕉叶纹，颈部则装饰着蚕纹的图案。

何尊的腹部微微鼓起，下面是高高的圆圈行的足部。在腹部和圈足装饰有卷角的兽面饕餮纹，采用的是高浮雕的雕刻工艺。只见这些兽面瞪着大大的眼睛，张牙舞爪，一看就是厉害的角色。何尊的四侧还分别有四条大棱脊。

从整体上看，何尊的造型浑厚雄奇、庄严厚重、美观大方，而且方圆相继，富有变化，是一件工艺精美的青铜器，难怪当年佟太放才看了它一眼，就认定这件器物非同一般。

“宅兹中国”

现在，终于到了最激动人心的时刻。何尊上的“中国”二字到底是怎么回事？

何尊身上的铭文，红框里为“宅兹中国”四个字

在何尊的内底，有12行铭文，共计122个字。因为对文字的释读有争议，本书采用的铭文效果图出自《商周青铜器铭文暨图像集成》。

隹（唯）王初䙴宅玗（于）成周，復（復）爯珷（武）王豊（禮），祼（祼）自天，才（在）亖（四）月丙戌，王誥（誥）宗小子玗（于）京室，曰：昔才（在）爾考公氏，克逨（弼）玟（文）王，肄（肆）玟（文）王受丝（兹）大命，隹（唯）珷（武）王既克大邑商，鼎（則）廷告玗（于）天，曰：余甘（其）宅丝（兹）中（中）或（國），自丝（兹）辥（辥）民，烏乎（呼），爾有唯（雖）小子亡戠（識），眂（視）玗（于）公氏，有爵（勳）玗（于）天，敽（徹）令（命），苟（敬）亯（享）戋（哉），叀（唯）王龏（恭）德谷（裕）天，順（訓）我不每（敏），王咸誥（誥），㸓（何）易（錫）貝卅朋，用乍（作）囷（庾）公寶隮（尊）彝，隹（唯）王五祀。

《商周青铜器铭文暨图像集成》中何尊的铭文（截图）

看不懂对不对？太正常了，毕竟这是三千年前的文字。我们来简单解释一下这122个字的意思。大意是说：

周成王姬诵开始在成周营造都城，适逢对周武王举行礼福之祭。在四月丙戌这一天，成王在京宫大室中，对一个名叫“何”的宗小子进行训诫。成王提道：“你的先父公氏曾追随周文王，而文王是受到上天所授予的大命来统治天下的。武王在灭商后，告祭于天说：‘我要在这个天下四方的中心之地建都，来统治民众！’你这个年轻人应该看到，你的父亲公氏为上天立下了功勋，你要很敬重地祭祀他啊！有恭顺的德行，能够顺应上天，真是教育了我这个迟钝的人。”成王的告诫结束后，赐予何三十串贝。何为纪念这一荣宠，便制作了这个祭祀的宝尊。这一年是成王的第五个祭祀年。

周文王姬昌是周朝的奠基人，他在位时，位于今陕西关中地区的周国日渐强大。到了其子周武王即位后，便率领天下诸侯一举灭掉了商朝，建立了周朝。然而，当时的形势依旧不容乐观，周人自身的力量还比较薄弱，殷商的残余势力则非常强大。武王对此忧心忡忡。他一面积极安抚殷商遗民，偃武修文；一面在固守周人龙兴之地的同时，选定位于今河南洛阳一带的洛邑作为重点经营的核心地区。

武王驾崩后，他的儿子周成王姬诵继位。由于成王年幼，朝政都由武王的弟弟周公裁决。不久，东方便爆发了以殷商贵族为首的联合叛乱。周公亲率大军历经三年苦战，终于平息了叛乱。此后，成王继续经营洛邑，将它打造成为新的都城，也就是何尊铭文中所称的“成周”。这段铭文，就是在这样的背景下诞生的。

何尊铭文虽然只有短短的122字，却有极高的价值。首先，它与《尚书》、《尚书大传》、《史记・周本纪》和《逸周书・度邑》等古籍中对这段历史的记载互相印证，不仅证明了这些文献所记史实的真实性，也澄清了史料中出现的矛盾分歧。

不过，大家更感兴趣的还是“宅兹中国”四字，特别是“中国”二字连在一起使用。

“宅兹中国”里的“中国”，所指的不是名叫中国的国家，而是“天下的中央”“中央之国”之意，这才是“中国”的本意。何尊的“中国”铭文，是目前所知“中国”一词的最早出现，这令何尊这件本就工艺高妙、铭文史料价值极高的青铜器国宝，更增加了几分民族自豪感，也成为我们了解和认识中华民族的过去、现在和未来的重要文物。

除了“宅兹中国”的铭文，还有一个字值得一提，就是这个“何”字。成王的训诫，就是面向这个名叫何的贵族。对于何来说，受到成王的接见、聆听成王的训诫，是无上荣耀的大事。为了铭记祖先的殊荣，何便督造了这件青铜器，同时把成王的训诫铸刻在上面。既然青铜器的督造人是何，铭文中写的也是何的事迹，这件青铜尊自然就被命名为“何尊”了。

何以中国

在华夏民族形成的初期，由于受天文地理知识的限制，人们总是把自己的居域视为“天下之中”，即“中国”。

在甲骨文和金文中，“中国”二字和今天的汉字有一点不同。“中”像一

▲1982年12月25日中国发行了一套《西周青铜器》特种邮票，其中第一枚的图案便是何尊

个旗杆，上下有旌旗和飘带，旗杆正中竖立，表示“中”。现在中国邮政标志里的“中”字，就是照此来设计的。

当时的“国”字则写作“或”，其实就是繁体的“國”字，只不过这个“或”字比“國”字少了一圈“围墙”。“或”字其实包括两部分：一部分是象征城池的“口”，另一部分是象征干戈的“戈”，表示“执干戈以卫社稷”。看来，当时的人们已经意识到，有城池、有军队，就能够保护自己的疆土和臣民，这才叫国。

从西周开始，“中国”一词的使用频率越来越高。最初的“中国”也和“宅兹中国”的“中国”一样，表示“天下之中”“中原”。渐渐地，人们开始将在中原建立的王朝称为“中国”。再后来，生活在中原的人们发现，在自己的东南西北，还有许多少数民族文明，他们的经济文化水平相对要落后一些，“中国”便又有了区别于这些少数民族的中原文明的意味。就这样，“中国”一词的内涵，从一个地理区域演变成在这个区域内建立的国家，又进而演变为建立这个国家的文明。随着经济文化的交流日益广泛，“中国”一词的含义终于跨出中原，成为中华民族源远流长、博大精深、绚烂多彩文明的代名词。

肆

改写世界音乐史的稀世珍宝 战国曾侯乙编钟

【国宝档案】

名称：战国曾侯乙编钟

年代：战国，前475—前221年

规格：曾侯乙编钟包括钮钟19件，甬钟45件，外加楚王赠送的一件镈钟，共65件。最大的一件通高153.4厘米，重203.6千克；最小的一件通高20.4厘米，重2.4千克。钟架长748厘米，高265厘米。整套编钟总重达2500多千克。

材质：青铜

出土时间：1978年

出土地：位于今湖北省随州市西郊擂鼓墩曾侯乙墓

文物保护：2002年列入《首批禁止出国（境）展览文物目录》

收藏地：湖北省博物馆

从“小透明”到震惊世界

1977年的湖北省随县（今随州市），一支部队正在擂鼓墩平整山头，准备在这里兴建厂房。偶然间，他们发现了一座战国早期的大型墓葬。第二年，考古队奔赴现场，勘探挖掘，确定了墓葬的主人是曾侯乙。曾侯乙是一个被封在曾国的侯，名叫作乙。曾国在史书中又写作“随国”，第一代曾侯就是大名鼎鼎的西周开国大将南宫适（如果有同学看过《封神演义》，对这个名字一定不会陌生）。

虽然开国之君赫赫有名，可曾国却是一个不折不扣的小国。春秋时期，它已成为楚国的附庸；到了战国，曾国这个“小透明”早已消失于史册。曾侯乙墓的发现，使人们得知这个小国至少存活至战国早期。

战国曾侯乙编钟

从曾侯乙的墓葬中，总共出土了1.5万余件随葬品，其中包括大量青铜器，使用的青铜总量高达10吨以上，相当于至少12个后母戊鼎！

然而，相较于另一个重大发现，如此巨大规模的青铜器竟然显得黯然失色！在众多青铜器中，有124件是乐器，其中的65件乐器是一套编钟。这套我国迄今发现数量最多、保存最好、音律最全、气势最宏伟的编钟，不仅代表了中国先秦礼乐文明与青铜器铸造技术的最高成就，更在考古学、历史学、音乐学、科技史学等多个领域产生了巨大的影响，甚至彻底改写了世界音乐史。

巨型编钟

那么，什么是编钟呢？

编钟是我国古代的一种大型打击乐器，兴起于西周，盛于春秋战国乃至秦汉。它由一套用青铜铸造而成、大小不同的扁圆钟共同组成。这些扁圆钟按照音调高低的次序排列，悬挂在一支巨大的钟架上。演奏音乐时，演奏者用“丁”字形的木槌和长形的棒分别敲打不同的钟，就能发出不同的声音。由于每个钟的音调各不相同，因此只要按照乐谱敲打，就能演奏出美妙的旋律。

一套编钟需要多少件扁圆钟呢？不同时期，这个数字也不尽相同。商代的一套编钟通常由3件或5件扁圆钟构成。到了西周中晚期，已经出现8件一套的编钟。进入春秋战国，一套编钟所包含的扁圆钟更是增至9件乃至13件。而曾侯乙编钟竟然有足足65件，这不仅相当于十几二十套商代的编钟，就是同时期的编钟，也远远比不上它的规模。

这65件扁圆钟根据大小和音高，有序地编成了8组，分三层悬挂在巨大的钟架上。挂在最上面一层的三组钟叫作“钮钟”，一共19件。它们形体较小，有方形钮，因而得名。中层的三组是33件甬钟，下层的两组是12件更

战国曾侯乙编钟中的镈钟

大型的甬钟。这些甬钟有长柄，钟体用浮雕式的小蛇纹路装饰，细密精致。在下层的甬钟中间，还有一件镈钟。它形体硕大，钮呈双龙蛇形，龙体卷曲，回首后顾，蛇位于龙首之上，盘绕相对。在镈钟的表面，也装饰着小蛇纹路。

在全部 65 件扁圆钟里，最大的一件通高 153.4 厘米，重 203.6 千克；最小的一件通高 20.4 厘米，重 2.4 千克。悬挂编钟的钟架长 748 厘米，高 265 厘米。钟体总重 2567 千克，加上钟架（含挂钩）铜质部分，合计 4421.48 千克。也就是说，这套编钟仅青铜部分就已经超过 4 吨重了。

曾侯乙编钟的钟面上还刻有 2800 多个篆体铭文，这些文字大多为错金文字。

在钮钟和甬钟上，一般刻有“曾侯乙作持”，表示这套编钟是由曾侯乙使用的。除此之外，甬钟的铭文均与音乐有关，其中一部分是标音铭文，用来标出不同音高如宫、羽等 22 个名称，类似于我们现在说的“哆来咪”。另一部分是乐律铭文，记录的是律名、调式，以及曾国与楚、周、齐、晋的律名和音阶名称的对应关系。

镈钟上的铭文又是另一番模样，一共镌刻有 31 字：“唯王五十又六祀，返自西阳，楚王酓章作曾侯乙宗彝，奠之于西阳，其永时用享。”意思是说，楚惠王五十六年（前 433 年），楚王熊章（楚惠王）从西阳回来，专门为曾侯乙做了这件镈钟，送到西阳，让曾侯永世用享。显然，这段文字只讲了镈钟的来龙去脉，并不涉及音乐理论。

其实，楚惠王赠送的这件镈钟，本身就与曾侯乙原来的这套编钟无关，很可能是曾侯乙下葬时临时加进去的。学者们发现，镈钟把下层最大的一件编钟挤掉后，悬挂在了整套编钟最显眼的位置，以此来表示曾国对楚国的尊重。楚王给曾侯乙赠送如此厚礼，曾国又对楚国的厚礼极为重视，可见两国的关系非同一般。

改写世界音乐史

当然，作为一套编钟，仅仅是个头儿大并不是本事，关键是要能演奏出好听的音乐。曾侯乙编钟的音乐性能良好，音域宽广，音调准确，音色优美。当那一件件青铜钟按照一定次序有节奏地被敲响时，天籁之音，盈人耳廓。

曾侯乙编钟有一个非常独特的地方，就是“一钟双音”。顾名思义，就是指一件青铜钟可以演奏两种不同的乐音，而且乐音的音调相当精准。可见，早在战国时代，中国就已经解决了一钟双音在物理学、音乐学、铸造学上的一系列难题。

除了“一钟双音”，曾侯乙编钟的音阶结构与现今国际通用的 C 大调七声音阶为同一音列，且七音齐备，也就是完整具备了宫、商、角、徵、羽、变宫、变徵这七个中国古代音乐的基本音阶；同时还具备了 12 个半音，与后来的十二平均律是一样的。

正是曾侯乙编钟的七音和 12 个半音改写了中国音乐史乃至世界音乐史。过去，由于史料记载缺失，人们长期以来一直认为我国古代的音乐只有七个音阶，完整的七声音阶是随着佛教的传入的；人们还认为，十二律也是从古希腊传来的。而曾侯乙编钟却证明，七音与十二律完全是我们中国人自己以特有的方式构建起来的音乐体系。

除此之外，曾侯乙编钟的音律也很宽广。钢琴有 7 个八度，曾侯乙编钟则有 5 个半八度，相当接近钢琴的水平。

可以说，曾侯乙编钟的出土震惊了全世界。如此精美的乐器、如此恢宏的乐队，诞生在两千多年前，这在世界文化史上极为罕见。曾侯乙编钟是中国古代音律科学发达的见证，更是中国作为文明古国的辉煌历史见证。

见证这一切的，不仅有沉郁顿挫的国宝文物，更有那一声声穿越时空的悦耳旋律。

曾侯乙编钟自出土以来，至今已有 44 年。在将近半个世纪的岁月里，曾侯乙编钟总共只演奏过三次：

1978 年 8 月 1 日 14 时，沉寂了两千多年的曾侯乙编钟在重见天日后，第一次发出了它的千古绝响。演奏以《东方红》开篇，继以古曲《楚殇》、外国名曲《一路平安》、民族歌曲《草原上升起不落的太阳》，最后以《国际歌》落幕。

1984 年，为庆祝中华人民共和国成立三十五周年，湖北省博物馆演奏人员随编钟入京，在北京中南海怀仁堂为各国驻华使节演奏了《春江花月夜》《楚殇》以及《欢乐颂》等中外名曲。

1997 年，为迎接香港回归，著名作曲家谭盾创作了大型交响乐《1997：天·地·人》，经中央特批，破例使用编钟原件采音录制。曾侯乙编钟再一次被敲响。

曾侯乙编钟拥有迄今所知最为完整的周代乐音系列及其乐律称谓体系。同时，作为礼乐之器它还蕴含着丰富的礼乐文化思想，是公元前 5 世纪中国文明的一个璀璨缩影，是中国先秦社会的文化符号，是中国青铜时代巅峰的艺术精品，是人类历史文化宝库中的珍贵遗产。

精湛的艺术品与出神入化的工艺

当然，曾侯乙编钟本身也是一件工艺精湛的艺术品。

全套曾侯乙编钟的装饰有人、兽、龙、花和几何形纹，采用了圆雕、浮雕、阴刻、彩绘等多种雕刻技法，用红、黑、黄三色与青铜本色相映衬，显得庄重肃穆、精美壮观。

除了编钟外，悬挂编钟的钟架也非常讲究。曾侯乙编钟的钟架高大，横梁由 6 个佩剑武士形铜柱和 8 根圆柱承托，构成上、中、下三层。钟架近旁有 6 个“T”字形髹（xiū）漆彩绘木槌和两根彩绘髹漆长木棒。钟架横梁上髹漆，并有彩绘花纹和刻纹，横梁两端有浮雕及透雕龙纹或花瓣形纹饰的青铜套。整个钟架共有 245 个构件，通过横梁的方孔以子母榫牢固衔接，可以拆卸。

要铸造出这样精美的编钟，同时要保证编钟音调的准确，就必须有出神入化的工艺技术支持。在铸造编钟时，工匠们采用了浑铸法和分铸法，铜焊、铸镶、错金等工艺技术，以及圆雕、浮雕、阴刻、髹漆彩绘等装饰技法。正因为有了如此精湛的工艺，才得以创造出这套印证中华文明不朽光辉的国家宝藏。

战国曾侯乙编钟上的铜人

伍 两千年前的节能环保灯 西汉长信宫灯

【国宝档案】

名称：西汉长信宫灯

年代：西汉，前 207 年—9 年

规格：灯高 48 厘米，宫女高 44.5 厘米，重 15.85 千克

材质：青铜

出土时间：1968 年

出土地：位于今河北省保定市满城区西汉中山靖王刘胜妻窦绾墓

文物保护：2002 年列入《首批禁止出国（境）展览文物目录》

收藏地：河北博物院

恬静优雅的“宫女”

后母戊鼎、何尊和曾侯乙编钟，都是大型乃至巨型青铜器。它们不仅规格庞大，而且风格庄严肃穆。这些青铜器与商周贵族的礼制息息相关。然而，到了汉代，社会形态发生了巨大变化。青铜器在新礼制中的地位越来越不重要，反而成为贵族在世俗生活中的奢侈品。因而，汉代以后，作为礼器的大型青铜器越来越少，反而是作为生活品的青铜器有了发展。

在这些青铜器里，长信宫灯举世闻名。

长信宫灯是从中山靖王后窦绾的墓葬中出土的珍稀文物。这座墓葬是不是有点耳熟？没错，前面隆重介绍的金缕玉衣，就是从中山靖王刘胜和王后窦绾的墓葬里出土的。

长信宫灯最初在窦绾墓里被考古人员发现时，还只是散落一地的零部件。

后经专业人员的仔细拼合，终于复原了这件精美的铜灯。宫灯整体是一位跪坐着、双手捧持灯盘的宫女形象。宫灯通体鎏金，显得灿烂而华丽。这种在铜器上鎏金的工艺，早在战国时期就已经出现了。铜器在经过鎏金处理后，不仅外表金碧辉煌，还能通过鎏金加强对铜器的保护。长信宫灯分为头部、身躯、右臂、灯座、灯盘和灯罩等六部分，各部分分别铸造而成，可以任意拆卸。

长信宫灯的宫女身穿汉代流行的曲裾深衣，领和袖口处层次分明，衣料贴身，衣纹历历可数，线条非常流畅，宽大的袖管自然垂落。在宫女的腿部

西汉长信宫灯局部

有衣角伸出，不仅表现出汉服的修长曳地，而且就像一个延伸的底座，加强了宫灯整体的稳定性。宫女梳髻覆帼，神态恬静优雅。

宫女的身体内部是空的。她左手握着灯座，托起灯盘；右手提着灯罩，内部其实是一个排烟管道。灯盘上有一个小孔，是用来安装手柄的。经过两千年了，木质手柄早已腐朽，今天还能在小孔里发现朽木。在灯罩的上方，还残留有少量蜡状残留物，学者们据此推测，当初点燃宫灯的燃料是动物脂肪或者蜡烛。

长信宫灯的表面并没有复杂的花纹和过多的图案，在同一时期的宫廷用具中显得颇为朴素。

长信宫灯的前世今生

为什么这件青铜灯要叫“长信宫灯”呢？这还得从刻在它身上的铭文说起。

长信宫灯刻有 9 处铭文，共 65 字。在这些字样里，有两种最受大家注意，一种是“阳信家”的字样，共有 6 处刻有这些字样，也就是说，宫灯的每个部件上都刻有“阳信家”三字；还有一种是“长信尚浴”字样，宫灯的名字就是由“长信尚浴”而来。

那么，“阳信家”和“长信尚浴”又是什么意思呢？

先看“阳信家”。相较于“长信尚浴”，6 处“阳信家”的字迹刻得都更加工整，因此学者们一致认为，“阳信家”是在“长信尚浴”之前刻上去的，代表了宫灯最初的主人。

一种观点认为，“阳信家”说的是汉武帝的姐姐平阳长公主。因为平阳长公主最初的封号是阳信公主。提起这位公主，同学们可能有点陌生；但若提起她的夫君，可就家喻户晓了——他就是扫平匈奴的大将军卫青。

不过，也有的学者认为，“阳信家”说的是另一位宗室贵胄——阳信侯刘揭。西汉初年，刘揭因保护汉室有功，被封为阳信侯。长信宫灯可能是属于刘揭一家的。可在汉景帝时，刘揭的儿子、承袭了阳信侯爵位的刘中意因参与了“七国之乱”，阳信侯国被废黜，连家产也被朝廷抄没。作为家产的一部分，长信宫灯自然因此更易了主人。

长信宫灯上部灯座底部周边，刻着“长信尚浴，容一升少半升，重六斤，百八十九，今内者卧”的铭文。这些铭文字迹稍显潦草，说明是后来才刻上去的，透露出长信宫灯易主变迁。

宫灯送入宫中后，交给了汉景帝的母亲、皇太后窦猗房。当时，窦太后的寝宫为长信宫，故而宫灯又被刻上了“长信”二字。至于“尚浴”，是当时宫中的一种官名，专门负责洗浴之事。简单来说，“长信尚浴”的铭文，透露出长信宫灯是窦太后浴室的宫灯。

论辈分，中山靖王刘胜是窦太后的孙子。至于中山王后窦绾，虽然我们已经无从得知她与窦太后的具体关系，但可以肯定的是两人出自同一个窦氏

西汉长信宫灯上的铭文“阳信家”

家族。或许正是因这层血缘关系，窦太后才将长信宫灯赐给了刘胜、窦绾夫妇。而夫妇二人去世后，这件铜灯也就作为随葬品，追随窦绾进入了她的墓穴。

“中华第一灯”

美国前国务卿基辛格博士曾这样评价长信宫灯：“两千多年前中国就有了环保意识，真了不起。”

长信宫灯之所以举世闻名，最重要的原因在于它那来自两千年前的节能环保设计。

前面说过，长信宫灯是以动物脂肪或蜡烛作为燃料的。这些燃料在灯盘里，会沿着灯芯缓慢燃烧。在此过程中，就会产生一些尚未完全燃烧的炭粒，时间久了，便会造成室内烟雾弥漫，形成污染，保不齐 PM2.5 都要超标。

为了解决这个问题，能工巧匠们绞尽脑汁，终于设计出了巧妙的结构。在汉代青铜灯里，有一种釭（gāng）灯，也就是带导烟管的灯，简称“釭”。釭灯有单烟管的，也有双烟管的。无论哪种釭灯，其内部除了装有导烟管外，其余部分完全是中空的。对于单烟管的釭灯而言，这样空空如也的内部空间就可以储存烟尘；双烟管就更厉害了，中控的内部可以储存清水，当烟尘通过双烟管进来后，便会溶于清水，让这些烟尘“灰飞烟灭”。

长信宫灯属于单烟管釭灯的一种，设计得非常巧妙。你看，宫女右手的袖子好像在挡风，那里面其实是一个导烟管，直接连通宫女中空的身体。当灯盘上的油脂被点燃后，烟尘就会通过灯盖被吸入“右手”里的导烟管，再进入中空的体内，不仅防止空气污染，保持室内环境的清洁，还与宫女的形象浑然一体，丝毫不影响宫灯的审美价值。

这样的创造发明，在世界灯具史上都处于领先地位。在西方，直到 15 世纪，意大利著名的科学家、工程师、艺术家达・芬奇，才发明了油灯的铁皮导烟罩；又过了三百年，玻璃罩代替了铁皮罩，才初步解决了油烟污染室内空气的问题。而长信宫灯，早在两千年前就以其超前的环保理念独步天下了。

除了环保，长信宫灯还通过反射和聚光来实现调光功能。宫女左手能够左右自如旋转，灯罩上的两块挡光瓦形罩板也能够随意开合，这样就能任意调节灯光的照射方向和亮度。

长信宫灯一改商周时期青铜器物的神秘厚重，整个造型及装饰风格舒展自如、轻巧美观，是中国工艺美术品中的巅峰之作和民族工艺的重要代表，其精美绝伦的制作工艺和巧妙独特的艺术构思令世人惊叹。与此同时，长信宫灯又是一件非常实用的日常生活器具，特别是它的“取光藏烟”技术、它的环保理念，无不蕴含了古代中国人民杰出的智慧。正因如此，长信宫灯被誉为“中华第一灯”，已成为中国历史上一盏永不熄灭的文明之灯。

第四章

百城南面，芸帙披香：中国书简之美

导语

关于汉字的起源，传统的说法有结绳法、刻契说、八卦说等，这些在早期文字中都可以找到痕迹，但都没有形成一种符号系统。从战国开始，有了“仓颉造字”的说法。

无论汉字是怎样形成的，其使用、发展、流传都离不开载体。不同时期，人们根据自己的使用需求与生活环境，用不同的器物来承载文字。最初，汉字与宗教仪式息息相关，使用的范围也相当有限，或用于祭祀神明，或占卜吉凶。人们只能将有限的汉字或类似于汉字的符号，铭刻在陶器、甲骨和青铜器上。

春秋战国时期，人们开始大规模使用简牍，文字第一次真正书写在了这些载体之上，人们也第一次可以通过书写文字来记录事件、表达思想。后来，随着科学技术的进步，我们率先发明了纸张，发明了印刷术，从此，汉字冲破了载体的藩篱，大规模传播开来。

作为一种文物，承载汉字的器物具有双重审美价值。陶器、青铜器本身就是艺术品，甲骨透露出人们的占卜程序，简牍和纸张书籍自带技术进步的痕迹；与此同时，文字本身又极具史料价值。有双重价值的加持，可谓“双璧合一”。

汉字是怎么来的
大汶口文化刻符陶尊

【国宝档案】

名称：大汶口文化刻符陶尊

年代：大汶口文化，前 4200—前 2600 年

规格：高 59 厘米，口径 38 厘米，底径 8.5 厘米

材质：陶

出土时间：1979 年

出土地：位于今山东省日照市莒县陵阳河

收藏地：中国国家博物馆

大汶口文化刻符陶尊

刻在陶器上的神秘符号

提起中国最早的文字，大家可能会异口同声——甲骨文！那么，比甲骨文更早的文字是什么样呢？

奇怪，甲骨文已经是最早了，怎么还会有更早的？其实，甲骨文是一种相对成熟的文字，这样的文字自然不是在某一天、某一年甚至某一个朝代横空出世的，而是经过了千百年的演变。为了寻找汉字更遥远的源头，考古学家们始终在积极努力着。

1979 年，在山东莒县陵阳河遗址出土的这件刻符陶尊，就将这种努力的成果向前推进了一步。

这件刻符大陶尊属于新石器时期的大汶口文化，是一件盛酒的祭器，形体较大，使用的是夹砂陶材质。这夹砂陶是在陶土中加入砂粒和其他碎末，从而使陶坯在受热烧制时不会裂开。大陶尊呈筒形，深腹，厚壁，尖底，表面有很多花篮式的纹路。

最引人注目的是在大陶尊外壁靠近口沿处，刻着的神秘符号。这个符号就像是在一座大山上，高耸着一棵参天大树。这个符号虽然表现出树和山的写实形象，但又表现出抽象的特点。

其实，在新石器时代晚期的黄河及江淮流域，特别是大汶口文化的活动区域，有许多文化遗址都发现有大量的象形类刻画符号。这些符号经常刻在这种大口陶尊的上腹部，陶尊高 60—70 厘米，口径一般在 30—40 厘米。在刻完符号后，人们还要给符号涂上红色的颜料。许多刻符陶尊都竖立于墓主人的脚端，刻画的符号朝向墓主人。

这些刻画符号目前已发现了 30 余个，可分为八类，从它们的形象可以看出，符号表达的是日、月、山、树、钺、锛、王冠等。

这些刻符陶尊主要分布在以山东日照为中心的地区，有些出土地点相距有几百里之遥，可它们刻画的符号却是一模一样的。这说明什么呢？说明在这个广大的区域里，大家都很认同这些符号，都知道这些符号所具有的含义。

这不禁引起了学者们的好奇心，这些使用如此广泛又具有一定抽象意义的符号，到底是不是当时人类使用的原始文字?

到底是不是最早的文字

一部分学者认为，大口陶尊上的这些符号就是早期文字。我们前面提到，这种符号有一定的分布范围，所使用的载体都很固定——大口陶尊；在每件大口陶尊上刻画的符号都是相同的，在使用这些符号的区域内，人们都知道符号的意义。

除此之外，学者们还对符号进行鉴定，大家一致认为，其中一个常见的符号是“斤”字，另一个是“戊”字。但对于其他符号究竟代表什么，莫衷一是，争论很大。

大汶口文化刻符陶尊上的山、树符号

还有一种很有意思的观点。在所有刻画符号中，有一种羽冠类的图案，这个图案可能就是“三皇五帝”的“皇”字。如果这个研究成果真的准确，那对于中国文字和文明的起源将具有重大意义。

不过，反对的声音也很大。不少学者认为，这些符号依旧是符号，还没有上升到文字的高度。它们仍只是用来记事的图画，和真正的文字表音、能够记录语音的符号不同，这也是为什么很难识读这些符号，因为它们压根儿就不是文字。比如我们看到的日、月、山的图形符号，可能只是当时人们对当地自然环境长期观察后的一种图像化表现，是他们对天象、昼夜交替现象的一种认识的反映。

不过，就算它们不是文字，那也不是一般符号。你看，大汶口的这些符号都是刻在这种大口陶尊上的，这些陶尊又总是与社会上那些受尊敬的人、富人或者权贵结有不解之缘。这些陶尊极有可能是一种祭祀用的礼器。

当时的人们认为，这个世界由天地、人、神三界组成，巫师是往来于三界之间沟通人神的使者。在这个世界里，山和树都是通往天界的天梯，巫师就是借助天梯上天入地，向上天报告民意，向人间传达神旨。一如开始提到的，刻在陶尊上的那座大山和矗立在大山上的大树，可能就是这种“天梯”。巫师通过天梯与天神沟通，然后在陶尊中装满美酒，让天神尽情享用，期盼天神赐福于民。

总之，大汶口文化的陶尊刻符，发现的数量之多、分布范围之广、图像内容之丰富，在史前是较为罕见的。

第一代文字载体

无论刻符陶尊上刻的是符号，还是早期的文字，都说明在早期人类文明进程中，离不开刻画符号或文字的载体。这些载体既不是竹简，也不是纸张，甚至不是甲骨和金属器皿，只是一些瓶瓶罐罐。

作为我国新石器时代东部的重要人类族群，大汶口文化与西部的仰韶文化一样，都是大规模使用陶器的文化。大汶口文化因山东省泰安市岱岳区大汶口镇的大汶口遗址而得名。它分布于黄河下游一带，基本处于神话传说中的汉族先民首领少昊氏的统治地区，是后来震惊中外的山东龙山文化的源头。大汶口文化早期的陶器受仰韶文化影响较大，以夹砂红陶和泥质红陶为主，后来逐渐发展出独具特色的黑陶。

这些陶器不仅被用于生活，更被用于祭祀等宗教场合，神圣性和神秘性与日俱增。因而，当人类文明进化到需要通过刻画符号来记录事件，甚至完成祭祀时，陶器便成为最佳的选择。

大汶口文化其他陶尊上的山、日、月符号

贰 最早成熟汉字的见证 商代“王为般卜”刻辞龟甲

【国宝档案】

名称：商代“王为般卜”刻辞龟甲

年代：商代后期，武丁在位时期，前1250—前1192年

规格：长18.6厘米，宽10.2厘米

材质：龟甲

出土地：可能出土自位于今河南省安阳市殷都区小屯村殷墟C区甲骨坑YH127

收藏地：中国国家博物馆

震惊中外的甲骨文

传说，在清朝光绪二十五年（1899年）的秋天，在北京担任国子监祭酒（中央最高教育机构的最高长官）的王懿荣得了疟疾，便派人到宣武门外菜市口的达仁堂买了一剂中药。在这剂中药里，有一味药叫作“龙骨”。所谓龙骨，是指远古哺乳动物的骨骼化石，中医认为这种化石可以入药。

无意间，王懿荣发现这些龙骨上面刻画着一些符号。奇怪，这不都是远古动物的骨头吗，上面怎么会出现符号呢？这事如果是一般人遇到，估计只会带着疑问把龙骨熬成药喝进肚子里，然后忘得一干二净。可王懿荣不是一般人，他不仅是进士出身，而且有很深厚的金石学造诣。所谓金石学，就是研究古代钟鼎彝器碑碣石刻、考辨古今文字的学问。王懿荣凭借自己的专业背景敏锐地感到，这些龙骨上的符号绝不平常。于是，他又仔细端详起来，越看越觉得这些刻画的符号像是古代文字，可又与周代的篆文不相同。为了一探究竟，王懿荣派人再次赶到达仁堂，以每片二两银子的高价，把药店里

商代『王为般卜』刻辞龟甲

所有刻有符号的龙骨一股脑全买回了家。

同学们肯定已经猜到了，这些刻在龙骨上、像极了古代文字的符号，就是甲骨文。

不过，这个故事还有另一个版本。据说当时药店在收药材时，根本不收上面刻字的。因此，王懿荣发现的刻字龙骨应该另有来源。

光绪年间，在河南安阳小屯村出土了一批刻字甲骨。当地村民最初想将它们作为龙骨卖给药店，奈何遭到拒绝。大家没有办法，只好用小刀将甲骨上的刻痕刮掉，后以六文钱一斤的价格卖给药铺。许多珍贵的商代史料就这样被磨成粉末，吃进了病人的肚子里。后来，人们就将这个过程戏称为“人吞商史”。

还是光绪二十五年，来自山东潍县的古董商人范寿轩、范维卿等人听说了刻字甲骨的事，到安阳收购了这些甲骨。范寿轩等本来要将甲骨全部卖给王襄，可王襄无力全部购买，范寿轩只好将余下的甲骨带到北京售卖，恰好遇到了王懿荣。于是，王懿荣便从范寿轩等人手中高价收购了这批甲骨。

无论王懿荣是直接从药铺买来的甲骨，还是从范寿轩等人手中收购的甲骨，总之，他累计共收集了 1508 片之多。正当他准备对甲骨上的文字做深入研究时，光绪二十六年（1900 年）七月，八国联军侵占了北京。王懿荣自杀殉国。

好不容易遇到“知音”的甲骨文，险些就此断了传承。所幸王懿荣有一位好友——《老残游记》的作者刘鹗。王懿荣殉难后，其子为了偿还债务，不得不将家中收藏的古董文物一一变卖。王懿荣生前收藏的甲骨，大部分转归了刘鹗。

刘鹗不仅继承了王懿荣的甲骨，也专门到北京的琉璃厂从古董商人那里购得 3000 余片甲骨。此外，友人方若赠送给他 300 余片甲骨，儿子也受命从河南购得 1000 余片甲骨。这样，刘鹗所藏甲骨已达 5000 多片，成为当时最著名的甲骨收藏大家。

1903 年 11 月，刘鹗出版了《铁云藏龟》一书，将甲骨文资料第一次公开出版。书中包括刘鹗收藏的 1000 多片甲骨，是他的好友罗振玉遴选出来的。不久，著名学者孙诒让根据这部书，撰写了第一部甲骨文研究专著——《契文举例》。

甲骨文的发现，在学术界轰动一时。到了 1910 年，罗振玉从中释读了 10 位商朝国王的名字和谥号，证明这些刻字甲骨是殷商王室的遗物，还进一步推断安阳小屯村就是古文献所载的殷墟遗址。后来，罗振玉在殷墟搜集到近 20000 片甲骨，大批学者也涌入甲骨学领域深入研究。其中，以罗振玉（号雪堂）、王国维（号观堂）、董作宾（号彦堂）和郭沫若（号鼎堂）成果最突出，因四人的号里都带一个“堂”字，故而并称“甲骨四堂”。他们是甲骨学研究的一代宗师，罗振玉以年龄最长、接触甲骨文最早，而位列“甲骨四堂”之首。

1950 年以来，中国科学院及中国社会科学院又重新开始发掘工作，至今未中断。

甲骨文上到底写了些什么

甲骨文是中国发现的最早的、较为成熟的、成体系的文字，也是中国最早的文献记录。这些刻在龟甲兽骨上的文字，已经具有对称、稳定的格局。作为中国人，几乎无人不知甲骨文。可甲骨上究竟写了些什么，除了专家学者，恐怕就很少有人见识过了。

我们不妨就以中国国家博物馆收藏的这片“王为般卜”刻辞龟甲为例，来看看三千年前商朝人是怎么写甲骨文的。

“王为般卜”刻辞龟甲至今保存完整，这片龟甲是龟的腹甲，在龟甲正面的左右两侧，分别刻有一行文字。今天的专家将它们释读为：

戊午卜，古贞：般其有祸？

戊午卜，古贞：般亡祸？

卜，占卜的意思。戊午卜，说的是在戊午日这天进行占卜。这是商代普遍使用的干支纪日法，我们熟知的甲、乙、丙、丁等属于天干，与十二生肖对应的子、丑、寅、卯等属于地支，一个天干和一个地支搭配，就是一天的具体名字。

拓片上的甲骨文

古，是贞人的具体名字，贞人是当时专门负责占卜的人员。

般，是商王武丁时期的一名贵族的名字。

这两句话翻译成现代汉语，意思是：

戊午日进行占卜，贞人古卜问：般有灾祸吗？

戊午日进行占卜，贞人古卜问：般没有灾祸吗？

因为是为了占卜吉凶用的，这两行字就被后人称为“卜辞”。

在刻好卜辞后，贞人古会在龟甲的背面挖出或钻出一些小坑，专家们将这种小坑称为“钻凿”。然后，古便会在火上烧烤龟甲，这个过程叫作“灼龟”。这时，龟甲正面就会从钻凿的地方出现裂痕，这个裂痕就叫作“兆”，是我们通常所说的“吉兆”“凶兆”的那个“兆”。在龟甲被烧出“兆”以后，古就会在“兆”上做标记。古还会拿着龟甲反复烧烤，也就是反复占卜，于是在两行卜辞内侧，又分别刻上了一行数字，即“一二三四五六”与“一二三四五六二告七”，这些序数便是灼龟时的占卜次序。

古根据几次灼龟的结果，来判断占卜的吉凶。在“王为般卜”刻辞龟甲的背面，刻着一行占辞，也就是对占卜内容的回答，专家们将它释读为：

王占曰：吉。亡祸。

显然，这次占卜的结果是吉兆，皆大欢喜。能让商王武丁亲自出面来占卜吉凶，看来这位名叫般的贵族也绝非等闲之辈。

迷信鬼神的殷商王朝

在夏、商、周三个朝代中，商朝是非常特别的一个。商朝统治者特别迷信鬼神，王室贵族上自国家大事，如要不要举行祭祀、天气是晴是雨、今年粮食能不能丰收、打仗到底能不能赢，下至私人生活，如狩猎、生病、生育、做梦乃至于简单出个门，事无巨细，都要进行占卜，再根据占卜而得的吉凶祸福，决定下一步要怎么做。《礼记·表记》说：“殷人尊神，率民以事神，先鬼而后礼。”这话一点也不假。

既然占卜如此重要，负责占卜的贞人自然就成为一个神圣的职业。商朝的朝廷不仅设置了专门负责占卜的机构和官员，还将这些用于占卜的刻辞甲骨作为重要的国家档案，放入窖穴中保存起来。正因如此，今人才有机会看到这些三千年前的一手材料；尽管甲骨上写的都是些“跳大神”的事情，却将商朝后期社会生活的方方面面真实地展现在了世人眼前。

通往祖先与神灵处的载体

甲骨文既然是指刻在龟甲或兽骨上的文字，商王又要经常占卜，这就必然需要大量的龟甲和兽骨，特别是龟甲，这就像我们今天要有纸张来写字、打印一样。

要获得如此众多的龟甲，商王朝单独依靠自己辖区的力量很难办到，于是便大力依靠各地的进贡。据初步统计和推测，商代各地进贡的龟甲大概在一万件以上。这些龟甲大多来自水网密布的南方，有的来自大海龟，甚至与现在产于马来半岛的龟属于同种。

不过，这并不意味着各地进贡的龟甲都能顺利成为甲骨文的载体。毕竟，占卜是一件非常神圣、严肃的事情，龟甲是商王与各位祖先、神灵进行沟通、交流的重要媒介，因而商王对龟甲自然有着严格的要求。这就好比今天给主管单位打报告，或者提交论文，你至少也要找一张平整的纸张来打印文字，不能随便用一张皱皱巴巴的纸。

商朝的龟甲也一样。一般来说，龟甲绝大多数都是使用腹甲，很少用背甲（也就是龟壳）。这些龟的腹甲在使用前，要先将甲首里面铲平，不留边缘，然后做进一步的加工处理。除了龟甲，还有一些占卜会用到牛肩胛骨等兽骨，在使用前也会先做加工处理。我们前面提到的“钻凿”，其实也是对龟甲、兽骨的一种加工处理。

中国信史上推数百年

文字是人类文明的重要标志。时至今日，刻有甲骨文的甲骨已经出土了13 万片左右，它们或分散保存于中国各大博物馆、大学等机构，或流散于欧美、日韩等国家，其中还有大量甲骨为私人收藏。

作为世界四大古文字之一，甲骨文不仅是中华文明的独特象征，更为我

商代祭祀刻辞龟甲（中国国家博物馆藏）

们接近自己的祖先、了解我国的历史发挥了不可替代的作用。

在甲骨文发现前，商代的历史只存在于史书中，就像今天的夏朝历史一样。由于没有直接的证据证明商王朝的存在，国内外曾有不少学者质疑过商朝历史的真实性。直到甲骨文出现，罗振玉、王国维等学者经过不懈研究，终于将甲骨文里出现的商朝国王的名字，与司马迁在《史记·殷本纪》中记载的商王名字一一对应上了，甚至连《史记·殷本纪》中记载的商王世系也与甲骨文相互对应。从此，甲骨文印证了司马迁的《史记·殷本纪》的记载基本正确。这一发现使商代的历史成为确凿的信史，把中国有文字记载的历史上推了几百年，具有重要的学术价值。

甲骨文的出现，也为汉字溯源找到了一个重要起点。今天，许多文字因为后继无人，早已成为无法破译的天书。而三千年前的甲骨文，却和我们今天使用的汉字一脉相承。这些刻在龟甲兽骨上的文字，不仅让我们看到了汉字初步系统化时的模样，更向我们展示了一个连续不断的中华文明。

2017 年 11 月 24 日，甲骨文顺利通过联合国教科文组织世界记忆工程国际咨询委员会的评审，成功入选《世界记忆名录》。

叁

青铜铸就的金文诗史
西周毛公鼎

【国宝档案】

名称：西周毛公鼎

年代：西周晚期，前 877—前 771 年

规格：通高 53.8 厘米，腹深 27.2 厘米，口径 47.9 厘米，重 34.7 千克

材质：青铜

出土时间：1843 年

出土地：位于今陕西省宝鸡市岐山县

收藏地：中国台北故宫博物院

西周毛公鼎

铭文字数最多的青铜重器

商周时期，是中国青铜文明臻于鼎盛的阶段。我们在前面专门介绍过后母戊鼎、何尊、曾侯乙编钟，这些青铜器种类繁多、工艺高超、绚丽精美，全都是艺术精品。不过，青铜器的价值还不仅于此。大家还记得何尊吗？这件青铜器上铭刻的“宅兹中国”四字，成就了它的不朽声名。

其实，像何尊这样刻有铭文的青铜器不在少数，人们把这种文字称为“金文”、“铭文”或者“钟鼎文”。这些铭文少则三五字，多则上百字。特别是到了西周中期，在青铜器上铸个上百字的铭文已经习以为常。如果我们把新石器时代的陶器作为第一代汉字（或类似于文字的符号）的载体，殷商的甲骨作为第二代汉字的载体，那么无疑，青铜器就是第三代汉字的载体。

说起铸有铭文的青铜器，最著名的要数西周晚期的毛公鼎了。毛公鼎现藏于我国台北故宫博物院，与大盂鼎、虢季子白盘和散氏盘并称“晚清四大国宝”，又与大盂鼎和大克鼎并称“海内三宝”，由此可见这件青铜鼎在文物史上的分量。

毛公鼎因铸鼎的人名叫毛公而得名，通高 53.8 厘米，腹深 27.2 厘米，口径 47.9 厘米，重 34.7 千克。毛公鼎大口圆腹，在口沿上耸立着两只高大的耳朵，口沿下装饰着环带状的重环纹，鼎腹呈半球状，腹下的三只兽蹄形状的足敦矮短而庄重有力。

整个鼎的造型浑厚凝重，纹饰简洁有力、古雅朴素。与我们前面看到的后母戊鼎、何尊之类的青铜器相比，毛公鼎明显缺少那种神秘的宗教色彩，反而有一种浓厚的生活气息。这说明西周晚期随着社会的变化，以鼎为代表的青铜器也在由宗教走向世俗。

不过，与其他西周青铜礼器相比，毛公鼎无论是造型还是纹饰，都显得平淡无奇。那就奇怪了，这样一件平庸的青铜鼎怎么成为“晚清四大国宝”“海内三宝”的？

秘密就藏在毛公鼎的肚子里。在毛公鼎的内腹部，铸有 32 行、497 个汉字（一说 499 字，因释读不同而致），可谓皇皇钜制。毛公鼎也因此成为目前发现铭文字数最多的青铜重器。

中兴之主的自我表白

近五百字的毛公鼎铭文洋洋洒洒，称得上是一篇宏大的青铜史诗，郭沫若将其誉为“抵得一篇《尚书》”。王国维就曾称赞毛公鼎道：“三代重器存于今日者，器以盂鼎、克鼎为最巨，文以毛公鼎为最多。”

那么，这篇堪称“金文之最”的铭文，到底写了些什么呢？

西周毛公鼎铭文拓片

由于原文太长了，这里我们简单介绍一下铭文的内容。这篇铭文是用周王的口吻写的，大体可以分为五部分。

第一部分，是周王在追述自己的祖先周文王、周武王的文治武功；继而话锋一转，说起现在国事衰退，自己为此忧心忡忡。

第二部分，写的是周王任命毛公为冢宰，委以治理邦国王室内外事务的重任，还授予毛公宣示王命的特权。如果朝廷发布的王命事先没有征得毛公同意，毛公可以要求臣下不用遵守奉行。

第三部分，周王为毛公分封土地，同时劝勉和鼓励他不要阻塞民意，也不要鱼肉百姓，更不要自我堕落、沉湎酒色，要全心全意辅佐王室。

第四部分，为了确立毛公的权威，周王赏赐了毛公大量珍贵物品，包括美酒、礼器、祭服、车具、宝马、兵器等，用于每年的祭祀和征伐叛国。

最后一部分，毛公本人表示对周王的信任与重用感恩戴德，为了宣扬周王的伟大，专门铸造此鼎以示纪念。

可以说，除了最后一部分，其他部分就是一份周王下达的任命状。关于这位周王，考古学界和史学界的各位“大咖”有不同看法，不过普遍认同应是西周末年的周宣王。

周宣王是西周倒数第二位天子。在他之前，西周王朝已经走向衰落，诸侯离心、社会动荡。周宣王继位后，一面虚怀若谷、广开言路，一面选贤使能、重用能臣，还推行了一系列恢复和促进社会生产的措施，对外通过征伐周边少数民族来重振国威。一时之间，西周王朝有了振兴的气象，因而，该时期被史学家称为“宣王中兴”。

毛公鼎的主人毛公，名叫厝，出身名门。他的祖先第一代毛公是周文王的儿子、周武王的弟弟毛叔郑。从周宣王的这篇委任状来看，宣王对当时周王朝的危机认识比较深刻，因而才会在重用毛公之时，苦口婆心地谆谆训诫，期待君臣二人能够共同努力，彻底扭转周王朝的困局，真可谓是中兴之主在向臣子开诚布公地表白自己的心迹。

晚清金石学家吴大澂说："使当日孔子见之（指毛公鼎），必录入周书，在不删之列。"自从毛公鼎被发现以来，受到了广大学者的高度重视，不少学者都对毛公鼎的铭文做了深入研究。

其实，毛公鼎的铭文只是这一类青铜器铭文的代表。正是这些铸刻在钟鼎彝器之间的文字，真实地记载了当时社会政治、经济、文化、思想等多方面的内容，不仅弥补了传世文献早已缺失的记载，更可以帮助我们印证、还原历史，纠正传统记载中的谬误，对于我们认识古人、了解古代具有不可替代的重大价值。

成熟的方块字

除了史料价值，毛公鼎上的篆书书法也成了人们争相临摹的对象。

在毛公鼎的内部，铭文的字与字之间有方格相隔。也就是说，当初铸鼎时，工匠们先在鼎上刻画出格子，再按照格子将铭文铸上。这样，近五百字的铭文就会规规矩矩地铸刻在大鼎之上，不至于凌乱错落。

毛公鼎的铭文使用的是大篆书体，大部分字趋于长方，相当一部分字长、宽之间比例接近于黄金分割，已经是比较成熟的"方块字"形态了。这些"方块字"笔道圆润，书写便捷，结构和谐优美，弧形笔画柔美、奇逸飞动，直形笔画刚劲、沉稳端整，这表明西周晚期的文字书写形成了具有纯熟书写技巧和表现手法的形式和规律。

正因如此，晚清书法家李瑞清题跋鼎铭时说："《毛公鼎》为周庙堂文字，其文则《尚书》也，学书不学《毛公鼎》，犹儒生不读《尚书》也。"毛公鼎的铭文也与西周散氏盘的铭文一起，并誉为金文书法的"双字星座"。

西周散氏盘及其铭文拓片

曲折跌宕的收藏之路

除了近五百字铭文，另一个让毛公鼎名扬四海的因素，便是它那传奇曲折的经历。

清道光二十三年（1843 年），陕西岐山县董家村村民董春生在自家农田里种地时，无意间挖出了毛公鼎。消息传出，古董商慕名而至。当他看到鼎内密密麻麻的一大篇古文字后，便知道这是一件“宝鼎”，连忙拿出三百两白银。这笔银子差不多相当于董春生下半辈子的总收入了，当然一拍即合。

无端发了笔横财，自然招人眼红。就在古董商人准备把毛公鼎运走时，突然被另一位村民董治官拦下。董治官说，这宝鼎的出土地在自己和董春生两家相交的地界上，卖鼎的银子自己也得有份。古董商自然不会跟董治官胡搅蛮缠，结果不但宝鼎运不出村，古董商自己还挨了董治官一顿揍。

恼羞成怒的古董商回到县里，以重金贿赂知县，董治官因此被逮捕下狱，并被判了个私藏国宝之罪。毛公鼎也自然被县衙门运走了。事后，古董商又拿出五十两银子给县令，这才成功把宝鼎运出了岐山。

然而，这还仅仅是毛公鼎多舛命运的开始。

毛公鼎离开岐山县后，被古董商人运到了西安。北京城中著名的古董铺“永和斋”的老板苏兆年、苏亿年打探到了消息，携带巨款去了长安，买下宝鼎。为防止节外生枝，兄弟二人低调行事，悄悄将毛公鼎运回了北京。直到咸丰二年（1852 年），毛公鼎被苏亿年以一千两的天价卖给了时任翰林院编修、国史馆协修的陈介祺。

陈介祺是一位金石学家和收藏家，父亲是吏部尚书，家财充裕。即便如此，一千两也相当于陈介祺三年的俸禄，可见他对毛公鼎是多么挚爱。陈介祺买下毛公鼎后不久，便辞官还乡，毛公鼎也被他一同带回了老家山东潍县（今山东省潍坊市）。后来，陈介祺对毛公鼎上的铭文做了深入研究，写成最早版本的《毛公鼎释文》。释文刚一面世，就引起了巨大轰动。而后，陈介祺又参考了其他几位学者的研究成果，对释文五易其稿，反复修改，可惜并未刊行。陈介祺害怕招惹是非，因此一直将毛公鼎深藏于密室，秘不示人。直到他去世后，毛公鼎又在陈家收藏了二十年。这件宝鼎在陈家整整藏了半个世纪。

光绪二十八年（1902 年），时任封疆大吏的端方仗势欺人，连逼带骗，以万两白银的价格从陈家手里买到了毛公鼎。但端方也没有太多的时间欣赏宝鼎，因为在宣统三年（1911 年），他就在镇压四川保路运动时，被哗变的军官所杀。

端方死后，家族逐渐衰落。他的后人将毛公鼎抵押给了俄国人在天津开办的华俄道盛银行。一时之间，日本人、英国人、美国人纷纷对此鼎垂涎三尺。据说，英国记者辛浦森愿意出 5 万美元买走毛公鼎，端家嫌钱太少，不肯割爱；还有传说，一位美国商人也曾出资 5 万美元，想从银行将宝鼎赎出。

千钧一发之际，北洋政府交通总长叶恭绰与郑洪年、冯恕集巨款，赎回了毛公鼎。到了 1930 年，郑洪年、冯恕二人分让，毛公鼎遂归叶恭绰一人所有。叶恭绰迁居上海后，毛公鼎也一同转移到沪。

1937 年，日本侵华战争全面爆发，上海随即沦陷。叶恭绰匆匆避往香港，未能带走毛公鼎。1940 年，日本人抓捕了叶恭绰的侄子叶公超，逼问宝鼎的下落。此前，叶恭绰曾嘱咐叶公超：“美国人和日本人两次出高价购买毛公鼎，我都没有答应。现在我把毛公鼎托付给你，不得变卖，不得典质，更不能让它出国。有朝一日，可以献给国家。”叶公超对日本人的严刑拷打无所畏惧，誓不承认知道宝鼎的下落。

为了营救叶公超，叶恭绰密嘱家人铸造了一件假鼎交给日军，又以重金作保，叶公超这才重获自由。第二年夏天，叶公超秘密携带毛公鼎逃离上海，来到香港。让叶恭绰为之魂牵梦绕的毛公鼎终于重获安全。可这安全太短暂了。是年底，太平洋战争爆发，日军随即占领香港。叶恭绰不得不拜托德国友人将毛公鼎辗转运回上海。

经过这番折腾，叶家已经财力不支，自己又整天被日本人盯着，叶恭绰眼看已经护不住这件国宝。迫不得已，叶恭绰以黄金三百两的价格将毛公鼎出售给了五金业老板陈永仁，附加条件是抗战胜利后要将宝鼎上交国家。陈永仁与叶恭绰定下君子协定，承诺抗战胜利之后一定将毛公鼎捐献给国家。

1946 年，陈永仁正式将毛公鼎交给了上海敌伪物资管理委员会处理，当时叶恭绰也正接受上海市政府聘任，担任保管委员会委员。然而，抗战的胜利并没有结束乱世，当时还有不少人想把毛公鼎据为私有。为了防止毛公鼎再度陷入险境，经过多方努力，毛公鼎最终于 1946 年 8 月从上海运至南京，由中央博物院收藏。

1948 年，毛公鼎被运往我国台湾地区，后来又入藏中国台北故宫博物院。时至今日，毛公鼎仍然陈列在该院商周青铜器陈列室专柜中，是台北故宫博物院十大镇馆之宝之首。

肆

竹片上的遗迹 秦代云梦睡虎地秦简

【国宝档案】

名称：秦代云梦睡虎地秦简

年代：秦代，前 221—前 207 年

规格：长 23.1—27.8 厘米，宽 0.5—0.8 厘米

材质：竹简

出土时间：1975 年

出土地：位于今湖北省孝感市云梦县睡虎地秦墓

文物保护：2013 年列入《第三批禁止出境展览文物目录》

收藏地：湖北省博物馆

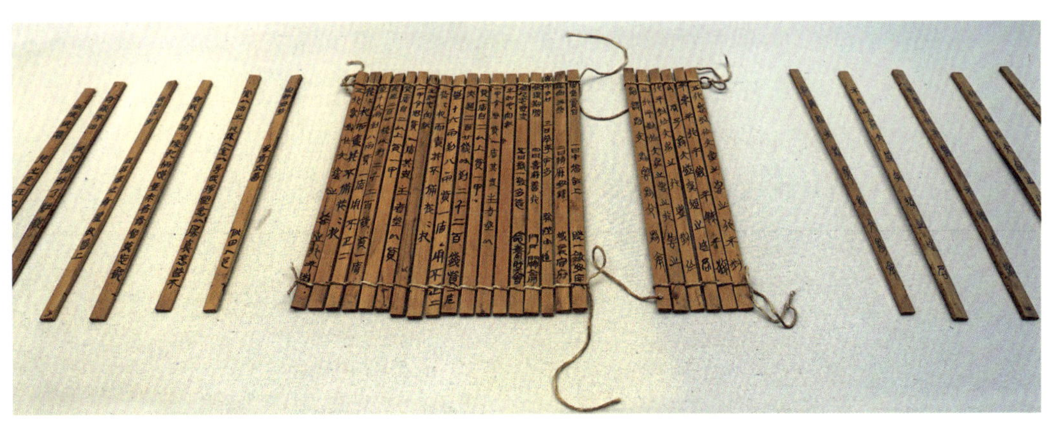

秦代云梦睡虎地秦简

穿越两千年的竹简

1975 年的秋天，湖北省云梦县城关公社肖李生产队的社员张泽栋约了一个伙伴，正在睡虎地的一块田地里用铁镐刨着土。这片田地的排水系统不太好，经常发生涝灾。正好庄稼刚刚完成收割，张泽栋打算利用农闲时节，在这里挖一条排水渠。

田里用来耕作的土地本来是黄颜色的，可是张泽栋挖着挖着却发现土色越来越深，最后完全变成了青黑色。张泽栋立刻意识到，可能要发生什么大事。因为就在两年前，曾有人在附近也挖出过这样青黑色的泥土，后来人们发现土下藏着一座古墓。

难道这里也有古墓？大惊之下，张泽栋连忙赶到县文化馆汇报情况。消息被层层上报，引起了文物工作者的高度重视。最后，湖北省博物馆考古队赶到睡虎地，于当年底开始发掘工作。国家文物局甚至还派来了重量级学者李学勤等人。

八字还没一撇，国家文物局和学术界为什么就如此兴师动众？因为睡虎地位于战国时期楚国以及后来的秦朝的疆域之内，如果这里真有古墓，甚至有简牍出土，那将对战国和秦代的历史研究产生意义重大的影响。

此后，随着考古发掘工作的推进，大批竹简终于被发掘清理出来。这些竹简其实是战国时代的“书”，只不过这书不是用纸张装订成册，而是用绳索将一枚枚竹片按照顺序穿编起来，竹片上用墨汁写满了文字。这批竹简一共有 1155 枚，残片 80 枚，竹简上写有近 4 万字。考古学家经过研究，认定竹简写于秦始皇时期。而竹简上所写的内容，早至商鞅变法，晚至秦始皇三十年（前 217 年），时间跨度超过百年。

令人无比高兴的是，这些竹简由于与空气隔绝，保存得相当完好。那么，古人用了怎样的技术，让竹简与世隔绝保存至今呢？这就要一半靠人、一半靠天了。

先来说“一半靠人”。睡虎地的秦墓修建于秦始皇统一六国后不久，虽然从时间上看已经是秦代的墓葬了，但由于这里在春秋战国时期一直是楚国的辖地，楚人的风俗在短短几年内无法改变，因而修建墓葬时仍使用的是楚国的形制。按照楚人风俗，墓里的棺椁都要用“青膏泥”密封，这种青膏泥质地细腻、黏性较强，能够起到很好的隔绝空气的作用。

再来看“一半靠天”。睡虎地所属的云梦县，在春秋战国时期是古云梦泽的一部分，这里的地下水位非常高，睡虎地秦墓因此而常年泡在水里，这同样能够隔绝空气。对于竹木器来说，湿润的环境反而比干燥的环境更有利于保存。考古界一直有“干千年，湿万年，不干不湿只半年”的说法。

有青膏泥和地下水的保驾护航，睡虎地秦简熬过了两千年。可是这一出土，麻烦就来了。竹简与空气完全接触，氧化加速，随时可能遭到毁灭性破坏。1976 年 3 月，国家文物局紧急将这批竹简调往北京，进行脱水处理。经过处理的竹简会变软，然后将它们分别放入玻璃试管中保存起来。

中国的首个书写时代

从新石器时代到西周，汉字从一个个疑似有固定意义的符号，逐渐演变为较为成熟的文字。可是，承载这些文字符号的载体，却一直有它的局限性。无论是大汶口文化的陶尊，还是西周的青铜器，符号和文字都是在器物制作完成前铭刻在上面的，人们无法随时随地通过文字来记录事件、表达思想；至于甲骨文，它的载体龟甲、兽骨还要依靠各地的进贡，相对也很稀缺。虽然我们有了文字，可还远没有进入书写时代。

真正带领中国进入书写时代的文字载体，是简牍。

所谓简牍，是对我国古代遗存下来的写有文字的竹简、木简、竹牍和木牍的概称，睡虎地秦简就属于其中的竹简。那时，人们把竹子、木头劈成狭长的小片，再将表面刮削平滑，这种用来写字的狭长竹片或木条，就叫“竹简”或“木简”；如果竹片或木板较宽，人们就称其为“竹牍”或“木牍”。简牍的长度不一样，有的三尺长，有的只有五寸；每根简牍上写的字也不一样多，有的写三四十个，有的就只能写几个。如果写那种篇幅较长的文章，或者是写一本书，那就需要许多简牍，将它们按照顺序编号、排齐，再用绳子、丝线或牛皮条编串起来，这叫作“策”或者“册”。写在竹简上的书叫作“简策”，一般是超过百字的长篇大论；如果写的是不到百字的小短文，人们一般写在木板上，这叫作“版牍”。相较于陶器、甲骨和青铜器，竹简、木牍更容易获得和制作，这样的书写载体显然更易推广。

此外，说简牍带领中国进入书写时代的另一个原因，是简牍上的文字是正儿八经“写”上去的。陶尊上的符号也好，甲骨文也好，金文也罢，那些符号和文字严格来说都是刻上去的。简牍却不同，通常用于书写的工具有笔、墨、刀。笔墨好理解，用笔沾墨来写字。那么刀呢？简牍的文字不是写上去的吗，怎么还会用刀呢？别误会，这里的刀已经不是用来刻字的了。在简牍上写字，难免会出错，刀是用来刮掉错字的。

文书里的中国史

简牍一般可以分为两大类：一类是文书，一类是著作。

睡虎地秦简就是一种文书类的简牍，对于我们来说，这类简牍就是一面古代社会的镜子，往往能够真实反映出当时社会的方方面面。

睡虎地秦简的“作者”名叫“喜”，也是出土秦简的睡虎地秦墓的墓主。喜是秦国的一名基层官吏，年轻时曾经参军，追随秦军统一六国，后在县里担任令史。睡虎地秦简就是喜抄录的。

这批秦简详尽记录了秦国实行的一系列法律，包括《秦律十八种》、《效律》、《秦律杂抄》、《法律答问》、《封诊式》、《编年记》、《语书》、《为吏之道》

以及甲种、乙种《日书》等十部分内容。由于史书上对秦朝的记载相当简略，而且大量记载都经过汉朝人的“包装”，所以长期以来人们根本无从直接认识秦朝。特别是以法家思想为指导思想的秦朝，至今也没有发现一部完整的法典流传下来。在这样的背景下，睡虎地秦简中记录的秦朝法律条文就更显得弥足珍贵。部分学者甚至据此认为，秦朝暴政的形象可能是汉朝人扭曲刻画出来的。

睡虎地秦简的这些法律条文，不仅为我们打开了一扇了解秦代法律的大门，还使我们能够从侧面了解秦代的社会风貌。比如秦简中提到秦朝以耕战为基本国策，要求官员廉洁奉公，在一定程度上反映出当时的社会风气。

与毛公鼎一样，睡虎地秦简除了文字所记录的内容具有极高的史料价值外，文字本身也是一件难得的艺术品。秦简用墨书写，字体是“秦隶”。秦始皇统一全国后，曾将六国文字做了统一，官方规定使用篆书书写。但由于篆书结构过于复杂，所以人们私下都使用更加简洁的隶书，也就是睡虎地秦简里使用的秦隶。这种字体严格来说还是从篆书向隶书转变的过渡形态。

篆书的特点是笔法瘦劲挺拔，直线较多，带有明显的古代象形文字特点。而隶书多呈宽扁形，横画长而竖画短，较之篆书更加抽象，因而也就更加化繁为简。处于过渡形态的秦隶，就同时具有篆书和隶书的双重特色。

可以说，睡虎地秦简不仅完美记录了秦代的法律条文，也完美记录了汉字由篆到隶、由具体到抽象、由表形到表意、由古汉字到现代汉字的“隶变”过程。这一变化体现了中华文明在社会和语言上的进步与发展。

除了睡虎地秦简，文书类的简牍还有很多，比如居延、敦煌等地出土的汉代竹简，包括了大量皇帝诏书、中央政府和各级组织下发的公文，以及同级机构之间往来的文书。这些简牍对于历史研究具有极为重要的史料价值。

战国郭店楚简《老子》（湖北省博物馆藏）

镌刻着的中华文明精神密码

除了文书，还有一类简牍，便是著作。

1993 年，湖北省荆门市郭店村的两座墓葬被盗，文物部门随即对两座大墓进行抢救性发掘。专家最终确定，两座大墓的修建时间是公元前 4 世纪中期至公元前 3 世纪初，也就是战国中期偏晚，它们都属于楚国。

就像睡虎地秦墓发现了大量秦简一样，郭店村的楚墓里也发现了大量楚国的竹简，总计有 804 枚，其中有字竹简 730 枚，共记录有 13000 多个楚国文字。这些竹简的尺寸可分为三类，一类长度在 32.5 厘米左右，第二类长 26.5—30.6 厘米，最后一类长 15—17.5 厘米。

不过，郭店楚简与睡虎地秦简有一个显著的区别——睡虎地秦简是一部秦朝法律文书，而郭店楚简却全部是儒家和道家的学术专著，其中最著名的一部便是有“道德经”之称的《老子》。

同学们在阅读《老子》或是《论语》《孟子》时，有没有想过这些先秦典籍在刚成书时，里面的内容可能跟今天我们看到的有很大不同，甚至今天阅读的版本早已不同于最初的版本？

这可不是在开玩笑，因为郭店楚简里的《老子》一书，就证明了今天阅读的《老子》可能是经过大量改动的。郭店楚简《老子》共有两千余字，分为甲、乙、丙三篇；而流传至今通行的《老子》有五千余字，分为八十一章。不说别的，单就字数，今天的《老子》就比郭店楚简版多了近一倍；而两个版本还存在着颇具颠覆性矛盾的内容。

不过，郭店楚简《老子》是我们目前能够看到的最早的《老子》实物资料。有学者甚至认为，郭店楚简《老子》是一个相当原始的版本，后世五千字的《老子》就是在这个版本的基础上不断修订、添加而成的。

总之，睡地虎秦简和郭店楚简，由于附着其上的文字而价值倍增，它们的珍贵性远远超出了这些来自两千年前的竹片自身的价值。其实，原始如大汶口陶尊，简陋如殷商甲骨文，稀疏平常如西周毛公鼎，脆弱如战国的楚简和秦代的秦简，它们真正的价值早已超越了文物本身，而是在于文字背后所镌刻的中华文明的精神密码。

伍

文化盛世的回响
南宋福建刻本《晦庵先生文集》

【国宝档案】

名称：南宋福建刻本《晦庵先生文集》

年代：南宋，1127—1279 年

规格：纵 23.6 厘米，横 17.7 厘米

材质：纸

收藏地：中国台北故宫博物院

国宝级的宋刻本图书

南宋福建刻本《晦庵先生文集》

自从东汉的蔡伦改良了造纸术，纸张逐渐成为新的文字载体。它不仅继承了简牍可以随时书写的优点，而且比简牍更便捷。不过，当时还没有印刷术，一本著作要想流传，只能依靠手抄。

隋唐之际，我们的先人们发明了雕版印刷术，从此印刷逐渐成为书籍流传的主要途径。由于印刷前需要先雕刻雕版，因此这种通过雕版印刷的书籍称为“刻本”。到了宋代，随着雕版印刷技术的进步与推广，越来越多的图书通过雕版印刷流传开来。宋代印刷的图书称为“宋刻本”，不仅数量多、质量精，而且内容丰富、流布较广。因此，宋刻本一直被视为古籍中的稀世珍本，流传至今的宋刻本图书大多都是国宝级文物。

在众多的宋刻本图书中，福建刻本《晦庵先生文集》就是一个代表。

晦庵先生就是南宋大名鼎鼎的思想家、教育家朱熹。朱熹，字元晦，一字仲晦，号晦庵，又号晦翁，别号紫阳。他祖籍徽州婺源（今江西省上饶市婺源县），生于南剑州尤溪（今福建省三明市尤溪县），后来徙居建阳（今福建省南平市建阳区）考亭。朱熹的思想与学术集北宋以来理学之大成，其学说后被称为“程朱理学”，自南宋后期以来，直至明清，始终是官方推崇备至的思想。

沉淀思想的最佳载体当然是书籍。朱熹一生著述颇丰，其中大部分内容都汇集在了《晦庵先生文集》（又称《朱文公文集》《晦庵文集》）里。可以说，《晦庵先生文集》是他毕生思想的结晶。因而，朱熹对这部文集极为重视，他对文集的内容亲自结集审定，并在有生之年刊刻了三次：第一次刊刻是在淳熙十五年（1188 年），内容是《晦庵先生文集·前集》；第二次刊刻约在绍熙三年（1192 年），内容包括《前集》和《后集》。这两次刊刻的地点都是建阳麻沙。最后一次刊刻在庆元四年（1198 年），由于这时朱熹正遭遇党禁之祸，所以由弟子王晋辅在广南秘密刊刻。

朱熹亲自校订刊印的图书

现存最早的《晦庵先生文集》，就是朱熹第二次在建阳刊刻的版本，也就是这部藏于我国台北故宫博物院的福建刻本。此后历代印刷的《晦庵先生文集》，都是在这个版本的基础上校订刊印的。

全书字体工整，为大字本，没有序跋，每半叶为 12 行，每行 21 字。我国古代雕版印刷的图书，只在纸的正面印刷，中间会留有一行空行，在此对折而成一张书叶，书叶折缝称为书口、版口或版心。这样，一张书叶实际上由左右两个半叶组成。

书口一方面用于对折书页，方便装订；另一方面，又经常在这里刻有书名、卷次、页码、字数、刻工姓名和出版的地点。在书口近上下两端的地方，一般会印有“】”形的符号，称为“鱼尾”。上鱼尾上面的空格和下鱼尾下面的空格叫作“象鼻”，如果象鼻是中空的，就称为“白口”；如果象鼻里画着一条线，就叫“黑口”，线条粗阔的叫作“大黑口”、细狭的叫作“小黑口”。福建刻本《晦庵先生文集》在装帧上有白口和鱼尾，有时有小黑口。

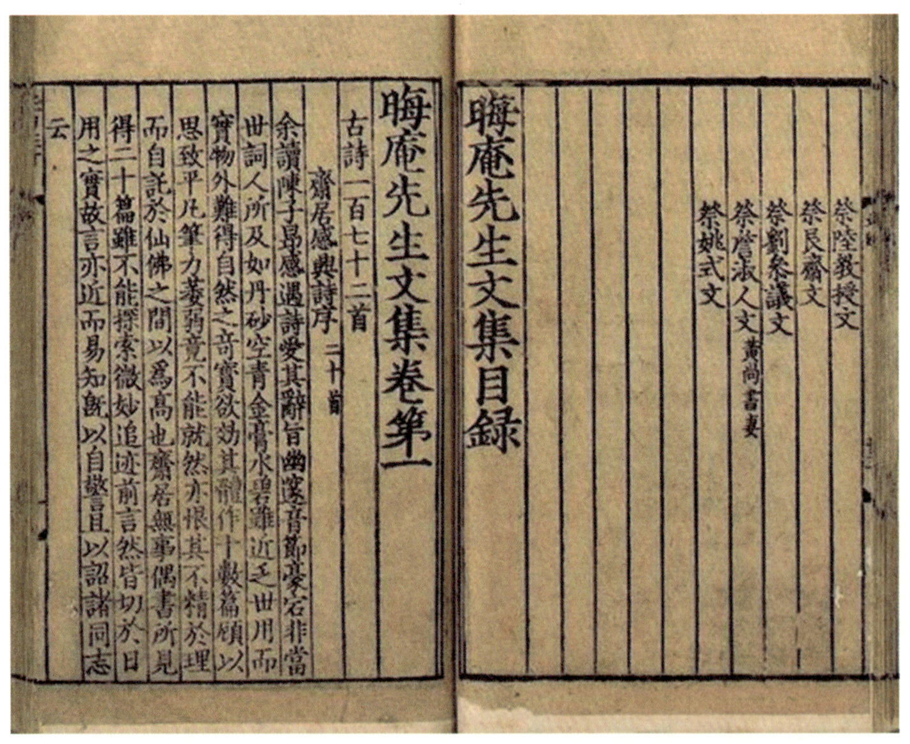
祭陸教授文
祭艮齋文
祭劉叅議文
祭詹淑人文 黄尚書妻
祭姚式文
晦庵先生文集目錄

晦庵先生文集卷第一
古詩一百七十二首
齋居感興詩序 二十首
余讀陳子昂感遇詩愛其辭旨幽邃音節豪宕非當
世詞人所及如丹砂空青金膏水碧雖近乏世用而
實物外難得自然之奇寶欲効其體作十數篇顧以
思致平凡筆力萎弱竟不能就然亦恨其不精於理
而自託於仙佛之間以爲高也齋居無事偶書所見
得二十篇雖不能探索微妙追迹前言然皆切於日
用之實故言亦近而易知旣以自警且以詔諸同志
云

南宋福建刻本《晦庵先生文集》内页，可在两侧书口处看到“】”形的鱼尾明代时，福建刻本《晦庵先生文集》由著名的毛氏汲古阁收藏；清代以后，收藏于皇宫之中，仅见著录于《天禄琳琅书目续编》：“《晦庵先生文集》二函十二册，宋朱熹撰。前集十二卷，为古律诗、赋、策问、铭文、赞词、歌、解义、表札、上书、记、题跋、序、墓志铭、祭文；后集十八卷，为序、辨、论、问答、易赞、记、行状、碑铭、墓志。无编者姓名，亦无序跋。书中标‘晦庵先生文集’，而前集目录之首标‘晦庵朱先生大全文集’，后集二印不可辨。”又附有朱文藏印“宋本”“甲”“毛晋”“汲古主人”“乾隆御览之宝”“五福五代堂宝”等。这是流传至今的唯一由朱熹亲自校订和刊印的刻本，弥足珍贵。

清朝末年，溥仪以赏赐溥杰为借口，把包括《晦庵先生文集》在内的乾清宫东昭仁殿的全部宋、明版古籍珍本都运到宫外。后来，《晦庵先生文集》辗转为现代著名藏书家沈仲涛收藏。再后来，沈仲涛将包括《晦庵先生文集》在内的毕生藏书，一同捐赠给了中国台北故宫博物院。

发明创新众多的建本图书

如果你够仔细，一定会发现一个细节：朱熹两次刊刻《晦庵先生文集》，都是在他的居住地建阳。如果不是因为在第三次刊刻时他正遭遇党禁，多半也会选择在建阳。

这并不完全是巧合。南宋时期，建阳是名扬四海的出版中心，就其在出版业的影响力来说，绝不亚于今天的北京和上海。

当时的出版业共有官刻、私刻和坊刻三大系统。顾名思义，官刻就是官方组织刊印图书，私刻是个人刊印图书，那么坊刻呢？“坊”指的是书坊。坊刻，其实就是民间书商开办的图书公司。

在三大系统里，坊刻是当时书业的主力，对福建乃至全国的官刻图书都产生了巨大影响。连朱熹本人，都在建阳开办过一间书坊，刊刻图书。

建阳坊刻萌芽于五代，繁荣于两宋，延续于元明和清初，在中国古代出版史上有极其重要的地位。建阳书坊中刊刻的图书，被称为“建本”，又称“闽本”“福建刻本”。后来，福建其他地方刊刻的图书，也被冠以“建本”的称号。可见，建阳出版的图书代表了当时整个福建刻书业的主流。

今天，当我们拿起一本图书时，首先会看到它的封面，封面上还写着各种推介这本书的广告语；翻开书，能看到里面有工整的字体、好看的插图。看起来，一切都是那么习以为常。然而，这在我们看来是图书必备的元素，却有不少是建阳的书坊发明的，或者是由建阳的书坊发扬光大的。

在古代很长一段时间里，图书是没有书名页的。书名一般就直接写在卷端的首行，作者的题名则写在书名之下。现存最早的图书封面，是元代至元三十一年（1294 年）福建建安书堂刻印的《新全相三国志》。封面上绘有“三顾茅庐图”，上为横书“建安书堂”，中有“甲午新刊”，上下有花鱼尾。

到了至正十六年（1356 年），福建刘氏翠岩精舍刻印的《新刊足注明本广韵》，不仅在封面上写有书名、出版单位和出版时间，还特别写明了这本书独特的编纂体例，跟今天图书封面上的广告语如出一辙。

建阳书坊创造的这种有书名、作者、出版单位和时间的封面，引领全国的潮流，在各地得到效仿和普及，并沿用至今。

除了这些版式创新，建本图书的书工也很有意思。虽然图书是印刷的，但所用的字体都是书法字体。不过，由于书工的书法造诣和师承对象不同，所以建本采用的字体多种多样。有人模仿宋徽宗自创的瘦金体，有人模仿欧阳询的“欧体”，而更多的是模仿颜真卿的“颜体”和柳公权的“柳体”。包括福建刻本《晦庵先生文集》在内，许多建本图书字体的间架笔势和笔意，都在颜、柳之间，这些字体结构方正，笔画严谨，锋棱峻峭，瘦劲有力。再后来，人们便参照建本图书的字体，发明了“仿宋体”，这种字体流传至今，经久不衰。

除了文字，在正文中加插图也是历代建本图书的重要特点。书坊刊刻图

建安虞氏新刊
新全相三國志平話
至治新刊

元至治年间（1321—1323年）福建刻本《新全相三国志平话》，书名页与至元三十一年的《新全相三国志》几乎完全一样

书，要么是为了推广文化，要么是为了赚取利润，但无论哪一种，都希望读者能够读懂书的内容，从而有更多的读者来买书、看书。问题是，许多图书，比如儒家经典，里面的文字古奥难懂，实在不利于文化传播。为了方便读者阅读，建阳的书坊们又想出了新招，给文字配上图片。虽然今天看来，这些图片很简陋，但在当时也算是破天荒的大事了。

总而言之，大量刊刻图书的建阳书坊生机勃勃，为出版业的兴盛和文化知识的推广做出了巨大贡献。

走向现代的坊刻业

建本图书不仅在当时的国内影响很大，而且名扬海外。通过对外贸易，不少建本图书流传到了其他国家。建阳刻印古籍，至今在日、韩、美、英、法、西班牙、奥地利等国均有馆藏。

不仅是图书流传海外，福建的刻工还远赴海外刻书。他们带去了先进的版刻技艺，在中外文化交流方面做出了重要贡献，成为古代海上丝绸之路经济文化活动的重要组成部分。

还有一个很具现代感的事情。今天我们提到图书，就离不开作者的著作权。而世界上最早的著作权文告就产生于福建，是朱熹的学生祝穆发布的。祝穆晚年生活在建阳，编刻的《方舆胜览》《四六宝苑》被当地书商大量盗印。对此，祝穆十分恼火。嘉熙二年（1238年），他通过官府发布文告，严禁盗版。这比《不列颠百科全书》认为“著作权的原始形式发生于15世纪后期”早了两百多年。

第五章

金戈铁马，瀚海冰河：中国军备之美

导语

“金戈铁马，气吞万里如虎。”冷兵器时代早已一去不复返，然而，从冲阵杀敌的刀枪剑戟，到号令天下的斧钺虎符，再到改变世界的小小马镫，这些看似普通的古代军事装备背后，同样蕴藏着中华民族的历史与精神。

这些军事类文物，有的是做工精湛、奢美华丽的艺术品，有的是摧锋陷坚、削铁如泥的神兵利器，有的是充满创新精神的新发明，有的则是执掌一国臣民生死的权力象征。在它们身上，既有开疆拓土的雄心壮志，也有马革裹尸的无畏气魄；既有征战沙场的尚武精神，也不乏灵动气韵的艺术审美。人类从蛮荒时代走向文明时代，军事文物以它们独特的美，在漫漫历史长河中留下了光辉的印迹。

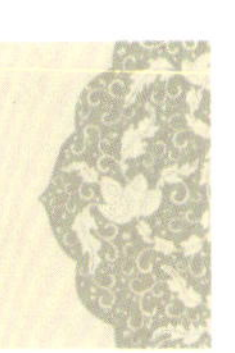

壹 中国矛王 齐家文化圆銎宽叶倒钩青铜矛

【国宝档案】

名称：齐家文化圆銎宽叶倒钩青铜矛

年代：齐家文化，前 2200—前 1600 年

规格：通长 61.5cm，宽 19.5cm，重 2.87 千克

材质：青铜

出土时间：1991—1993 年

出土地：位于今青海省西宁市马坊乡小桥村沈那遗址

收藏地：青海省博物馆

齐家文化圆銎宽叶倒钩青铜矛

不为人知的“中国矛王”

说起古代兵器，特别是早期精美的青铜兵器，估计很多人都会脱口而出“越王勾践剑”；此外，还有吴王夫差矛、商代的青铜钺、战国秦汉的弩、吕不韦的戈……然而，在青海省西宁市马坊乡小桥村的沈那遗址，却藏着一件不为人知的“中国矛王”，它就是圆銎宽叶倒钩青铜矛。

沈那遗址是新石器时代齐家文化的一处主要遗址。1991—1993 年，青海省文物考古研究所在沈那遗址进行田野考古发掘时，发现了这件古锈斑驳的青铜大矛，那沧桑威严的冷峻光芒和宽大雄浑的体量，顿时引起考古工作者的注意。不久，圆銎宽叶倒钩青铜矛便震惊国内学术界，1996 年经国家文物鉴定小组确定为一级文物。

由于年代久远，圆銎宽叶倒钩青铜矛的木质柄杆早已腐化，今天留给我们后人的只有青铜制作的矛身。

这件青铜大矛形似阔叶，双面锋刃，前锋浑圆。在矛中部两面铸有高 1.5 厘米的厚厚的脊梁。用来安装柄杆的圆銎与刃部的结合处，铸为一个曲状倒钩。圆銎下端，铸有一钮和三道凸起的圆箍，銎内遗留残木质柄杆的痕迹。

青铜大矛非常宽大，通长 61.5cm，宽 19.5cm，重 2.87 千克。如果再加上柄杆和缀饰，总重约为 5 千克。这是迄今为止我国出土的最大的一件青铜矛，“中国矛王”之名，当之无愧。

熟练的冶铜与熔铸分化工艺

“矛”是我国古代杀伤类兵器之一，是直刺的绝佳兵器。一杆矛由矛身、骹、柲、鐏四部分组成。矛身就是矛头带刃的部分。矛骹就是前面提到的矛銎，用来安插矛柲。矛柲，就是我们通常所说的柄杆，竹制或木制。在矛柲的低端还装有矛鐏，用来将鐏插在地上。

神话传说中的炎帝、黄帝时期，蚩尤制造了兵器，矛就是在那个时候诞生的。最初的矛以石、骨、木等材料制作，后来逐渐使用青铜；到了商周时期，矛和其他兵器一样，普遍采用青铜制作。春秋战国之时，诸侯争霸，战乱频仍，对兵器的要求越来越高，铜矛的造型也越来越长，锋刃越来越厚重。汉代以后，矛采用铁质制作。

在青铜大矛圆銎的两侧、三圈箍以及倒钩的地方，至今仍保留着合范铸造的痕迹，这就需要应用冶铜与熔铸分化的工艺。圆銎宽叶倒钩青铜矛的出土说明，齐家文化在当时已经摆脱了青铜锻打的初级阶段，熟练掌握了青铜器的铸造技术。

来自阿尔泰山的青铜狂潮

在史前的新石器时代，我国的河西、河湟地区曾经引领过青铜制造的技术潮流。1975 年，在甘肃省临夏回族自治州东乡族自治县的林家村，出土了一把青铜刀。这把青铜刀的刀身布满了较厚的灰绿色锈。刀由两块范铸而成，

马家窑文化青铜刀（中国国家博物馆藏）

刀身表面平整，厚薄均匀。刀柄较短，刀刃较长，弧背，刀尖圆钝而微微上翘，刀刃的前端已经因长期使用而出现磨损。

这把青铜刀不仅是我国迄今为止发现的年代最早的青铜兵器，更是发现的年代最早的一件青铜器。这把青铜刀属于公元前 3900 年至前 3500 年的马家窑文化早期。

在林家村遗址的一处灰坑中，考古工作人员还发现了铜渣。经过实验室的科学鉴定，铜渣既不是天然矿石，也不是炼铜的残渣，而是一块经过冶炼但早已风化成碎块的含铜铁金属长期诱蚀的遗物。铜渣含铜 36.50%、锡 6.47%、铅 3.49%、铁 0.41%。这些证据都充分表明，早在公元前 3500 年以前，我国河西走廊、河湟地区的祖先就已经存在冶铸铜器的活动了，而那件青铜刀就是他们生产的。

在河西走廊与河湟地区，有许多遗址发现了青铜武器，时间跨度在公元前 3000 年至前 2000 年。西北地区的青铜武器起步早，形态进步，类型丰富，而且延续的时间长，自成体系。如此看来，作为马家窑文化的重要继承者，齐家文化能够制造出“中国矛王”，就不显得那么突兀了。

那么，为什么在我国西北地区会出现最早的青铜器，又会出现“中国矛王”这样的重量级青铜兵器呢？答案就写在圆銎宽叶倒钩青铜矛上。

从风格上看，齐家文化的圆銎宽叶倒钩青铜矛与遥远的阿尔泰山有密切的关联。这种带有倒钩的宽叶铜矛，是兴起于阿尔泰山的塞伊玛—图尔宾诺文化的典型器物。圆銎宽叶倒钩青铜矛的出土说明，早在公元前 2000 年，西宁所在的湟水流域便已经是东西文化传播通道上的重要节点，是欧亚大草原青铜文化深入中国腹地的重要中转点。这件青铜刀与青铜矛，都是新石器时代文化交流的产物。正是这种交流，将中国逐渐带入了新石器时代整个欧亚大陆的青铜狂潮之中。

而河西走廊与河湟地区，可能是中国最早的冶金技术的起源地和青铜兵器的起源地。在我国传统的五行理论中，西方主金，传说中发明了兵器的蚩

图尔宾诺文化带钩铜矛（中国国家博物馆藏）

尤就是西方的辅神。从文物的视角看，这样的神话传说似乎留有人们对上古历史残存的记忆。从使用石质工具到使用金属工具，是人类发展史上的重大变革，具有划时代的意义。从此之后，整个黄河流域都出现了铜器。尤其是进入二里头文化阶段，青铜器普遍出现，开启了辉煌的青铜文明，对中华文明产生了深远的影响。而开启辉煌的，正是青铜工具与青铜兵器。

从兵器到礼器

让我们再次回到圆銎宽叶倒钩青铜矛这件文物，它究竟是干什么用的呢？

也许你会脱口而出——上阵杀敌。作为一件兵器，圆銎宽叶倒钩青铜矛不就是为了杀敌而制作的吗？

首先可以肯定的是，圆銎宽叶倒钩青铜矛的设计一定源自实战。矛的作用，可以直刺，可以横扫，杀伤力非常强。但圆銎宽叶倒钩青铜矛却有一个一般的矛没有的特点——在它的圆銎与刃部结合的部位铸有一个倒钩。这种倒钩本源自另一种兵器——戈。戈的倒钩，是为拼杀时运用横扫和钩杀战术而设计的，这种倒钩能够钩断敌方士兵乃至马匹的腿，使敌军顷刻间丧失战斗能力。

在矛体上安装倒钩部件，这相当于将矛和戈熔铸一体。只有在丰富的实战经验基础上，兵器的设计者才会有如此具有实战意义的创新研发。而这种新型的矛，很可能就是日后一种新型兵器——青铜戟的雏形。

不过，虽然圆銎宽叶倒钩青铜矛的设计源自战场，但其自身却很难作为兵器被直接带上战场杀敌。因为它的重量太大，很少有人能够如臂使指般挥舞。何况，圆銎宽叶倒钩青铜矛大巧无锋，显然也不是用来杀敌的。那么齐家文化的人们，为什么要费力气铸造这样一件看起来华而不实的“矛王”呢？

其实，圆銎宽叶倒钩青铜矛可能是强大勇武的标志性符号，是集体力量的象征，进而是一种指挥军队权力的象征，是至高无上权威的象征。它可能是部落联盟首领发号施令的权杖，也可能是大祭司绝地通天的法杖。也就是说，圆銎宽叶倒钩青铜矛虽然外形是一件兵器，实质上却是一件“明贵贱、辨等列”礼器。它明确了齐家文化内部的不同等级，调节着部落联盟首领与部落属民间的内部秩序，维护着齐家文化社会的稳定。可以想见，在四千年前青藏高原的东北一隅，我们的祖先正在文明的进程中大步前进，国家的曙光正在冉冉升起。而圆銎宽叶倒钩青铜矛，便是这段文明进程的最好见证。

贰 中华第一位女英雄的利器 商代妇好钺

【国宝档案】

名称：商代妇好钺

年代：商代后期，武丁在位时期，前 1250—前 1192 年

规格：虎纹大铜钺长 39.5 厘米，刃宽 37.5 厘米，重 9 千克；龙纹大铜钺长 39.3 厘米，刃宽 11.8 厘米，重 8.5 千克

材质：青铜

出土时间：1976 年

出土地：位于今河南省安阳市殷都区小屯村殷墟妇好墓

收藏地：中国社会科学院考古研究所

商代妇好墓中的虎纹大铜钺

龙虎大铜钺

这里要讲的第一件兵器，又与我们的“老朋友”妇好有关。

1976 年，在殷墟的妇好墓中出土了一对大型青铜钺。其中一把为虎纹大铜钺，也有人把它称为“双饕餮噬人头纹铜钺”。这件虎纹大铜钺，长 39.5 厘米，刃宽 37.5 厘米，重达 9 千克。钺身很大，刀刃部分又弯又宽，两个角微微向上翘。在靠近铜钺肩部的地方，有两个长条形的开口（学名叫作“穿”），用来穿皮革绳子，把钺固定在木制的把手上。

虎纹大铜钺的身上自然铸刻的是老虎纹。经过专家仔细分辨，这是双虎食人头的纹饰。人头居于两虎之间，圆脸尖下巴，大鼻小嘴，双眼微凹，两耳向前；两只老虎画的是侧面，大口对准人头，作吞噬状，以雷纹为底，老虎身后还有一只传说中的怪兽。双虎食人头的纹饰，惟妙惟肖，看得人胆战心惊，威慑力极强。这个图案同学们是不是有点眼熟？对，它跟后母戊鼎鼎耳上的图案是一样的。

龙纹大铜钺比虎纹大铜钺要小一点、轻一点，长 39.3 厘米，刃宽 11.8 厘米，重 8.5 千克。弧形刃，平肩，肩上有一对长方形穿，肩下两侧有小槽六对，也是用来将钺固定在木制的把手上的。

在虎纹大铜钺的正面中部，有铭文“妇好”二字；在龙纹大铜钺的龙鼻上，也铸着“妇好”的铭文。这说明，两件铜钺当年都是属于妇好的。

最华丽的冷兵器

那么什么是“钺”呢？同学们可能在武侠小说或者古风电视剧里，听到过“十八般兵器”的说法，其中有一句就是“刀枪剑戟，斧钺钩叉”。看来，钺是和刀、枪、斧等一样的兵器。其实，钺就是一种长柄的大斧子，使用时自然是手持长柄，砍向敌人。

虎纹大铜钺上的双虎食人头花纹

最早的钺是石制的，后来又出现了玉做的钺。约3500年前，我国进入青铜时代，也就出现了大量青铜铸造的金属钺。

作为兵器，钺虽然杀伤力很大，可是局限性也不小。一方面，钺的分量很重，没把子力气根本就举不动，更别提用其上阵杀敌了；另一方面，由于分量重，所以不灵活，进攻招式非常单一，就是砍劈，全靠蛮力。《隋唐演义》里的程咬金只会三斧子半，把“斧子”改成“钺”一点也不违和。总而言之，钺太过笨重，实际攻击效果远远不如戈、刀、矛。久而久之，这种上古就出现的兵器，渐渐退出了战场。可钺的地位非但没有下降，反而成为一种杀伐大权的象征。

这种变化可能在新石器时代就开始了。比如我们提到的玉钺，就不太像是用来打仗的，反而与其他玉器一样，应该是一种礼器。甘肃省博物馆就收藏着一件齐家文化时期的青玉钺，有三四千年的历史。这件青玉钺磨制规整、沁色斑斓，是早期钺的代表。在浙江地区的良渚文化遗址中，也出土了大量玉钺。

到了商周时代，一般士兵已经没有资格手持大钺了。当时，只有军中的统帅才有资格使用钺，而且这种资格是由君主授予的。于是，曾经作为兵器的钺，就成了军权的象征。

正因如此，与以前那些作为兵器的石钺相比，作为礼器的青铜钺铸造得更加精美、华丽。妇好钺上要饰以虎纹、龙纹，就是为了与这种杀伐决断的军权大权相得益彰。其实，迄今为止出土的所有青铜钺无不饰纹豪华，钺身纹样或人面、或兽面；铸造工艺或浮雕、或透雕。钺的威严、狞厉之美给人以强烈的震撼。钺成为最华丽的冷兵器。

以钺作为军权象征的做法，并没有随着青铜时代的落幕而结束，反而为历代王朝所延续下来。比如汉末三国，刘备的大将关羽镇守荆州，就被授予节钺；后来诸葛亮南征北战，也被授予了节钺。节钺中的钺，就是军权的代表，而它的源头就来自商周时期已成为礼器的青铜钺。

王者天威

钺作为兵器虽然渐渐退居幕后，作为刑具却非常“高效”。古代的斩首、腰斩等死刑，都要以斧钺作为施刑工具。这样一来，钺不仅在战场上对敌人有杀伐决断之权，连对自己人也有生杀予夺之任。谁合法拥有了使用钺的权力，谁就是至高无上的王！如此，钺所代表的权力自然也不会局限于军队。

军权以外，最高的便是王权。根据文献记载，早在夏代，钺就已经超越军权，成为王权的象征，这是夏代礼制的一个重要组成部分。商、周两代也沿袭了夏代的这一礼制。这种制度甚至直接影响了汉字。

在甲骨文和金文里，“王”字的形状就是一只倒悬着的大斧头——也就是钺。在这个象形字的最下面，有一道横着的弧线，代表着钺的利刃，进而代表着君主对臣民的生杀大权。

可以这样说，在夏、商、周三代，钺就是东方王朝的“权杖”。中国历代王朝中，戈、矛、戟等都可以作为礼器，唯独钺成为王权的象征。于是，钺的身份越来越特殊。战争中，“钺”有军事权力；庙堂上，“钺”有政治权力；祭祀中，“钺”还拥有神权。总而言之，钺成为凌驾于一切生命之上最高权力的化身，持钺者也就具备了不可冒犯的天威。

进击的斧钺

不过，钺虽然在礼制中有着神圣的地位，但就像青铜器由宗教走向世俗、由神圣的礼器走向日常器皿的趋势一样，钺的神圣光环也在历史的进程中，

商代妇好墓中的龙纹大铜钺

悄无声息地消退着。

以妇好钺为代表的商代青铜钺，是钺作为礼器的巅峰。到西周早中期，青铜钺开始走向衰落。这不仅表现在周代大铜钺的数量急剧减少，也表现在钺的造型发生了重大变化。比如出土于灵台县的西周虎纹铜钺，身似半环形，钺身装饰着虎纹，可与妇好钺上那两只凶神恶煞的老虎相比，这只虎身躯弯曲做伏卧状，虎爪内钩，虎尾上卷，整体造型上要灵动得多，却少了几分威猛和霸气。

此后的钺虽然是军事权力的象征，但已不复商代时登峰造极的神圣性。到了唐宋时期，面对北方少数民族彪悍的骑兵，经过改良的长柄斧钺由于刃部加宽，斧柄加长，便于操持，有利砍杀，进而在战场上成为克敌制胜的神兵利器。于是，钺作为一种兵器而不是一种礼器，重返战场，成为步兵对抗骑兵的有力兵器。宋朝以后，随着火器的出现，钺再度退居二线，逐渐和斧头一起成为人们日常生活中的生产工具。

中国第一位女将军——妇好

最后，我们来说说咱们的“老朋友”妇好。

先来看看妇好的名字。妇好叫什么呢？有同学会说，肯定是妇好啊！其实不然。“妇好”不是名字，而是一种称呼。从殷商遗留的甲骨文来看，“妇”表示崇高的贵族妇女，是一个群体的统称。对当时的商王武丁来说，他的“妇”都是自己的配偶。前面提到过，妇好是商代后期国王武丁的夫人。至于“好”字，也不是名字，而是姓。而且这个“好”读作 zǐ，其实就是史书中记载的子姓，是商朝的国姓。商王武丁也姓子。除了“妇好”，她还有另一个名字——妣辛，这是妇好死后，其子孙在祭祀她时所上的谥号。

妇好虽然是武丁的夫人，却不是唯一的一位。在武丁的众多配偶中，有三位地位极高，受到了后代的祭祀。三人被称为“武丁三配”，妇好就是其中之一。这说明，妇好在生前曾做过武丁的王后，或者她所生的子嗣后来做了商朝国王。据甲骨卜辞记载，妇好生前还有自己的封地，堪比诸侯。她还曾向商王进贡过用于占卜的龟甲。

这些地位极高的商王配偶，有时还会主持祭祀、率兵征战，与商王一起统治国家。妇好就是当时的军事统帅，而且是中国有史记载的第一位女将军。虎纹大铜钺和龙纹大铜钺，正说明了妇好手中掌握的军事大权。妇好能征善战，传说曾率军征讨鬼方、羌方、土方、夷方、巴方、虎方等地，协助武丁拓展疆土，使商朝疆域西起甘肃，东到海滨，北及大漠，南逾江汉，成为包含众多部族的泱泱大国，商朝也由此进入了全盛时期。

千年不朽的上古神兵 春秋越王勾践剑

【国宝档案】

名称：春秋越王勾践剑

年代：春秋，前 770—前 476 年

规格：剑长 55.7 厘米，柄长 8.4 厘米，剑宽 4.6 厘米

材质：青铜

出土时间：1965 年

出土地：位于今湖北省荆州市江陵县江陵楚墓望山一号墓

文物保护：2013 年列入《第三批禁止出境展览文物目录》

收藏地：湖北省博物馆

绝世宝剑，重出江湖

越王勾践“卧薪尝胆”的故事，堪称中国历史的入门故事之一。绝大多数国人都听说过越王勾践的名字。据《越绝书》载，这位春秋时代的最后一位霸主对宝剑特别钟爱，收藏了鱼肠、巨阙、湛卢、胜邪、纯钧等五把宝剑。时至今日，这些宝剑的名字仍然在游戏、小说和影视剧中频繁登场。这些宝剑不仅造型精美，而且锻造过程充满神秘色彩，不禁令人神思。

直到有一天，一柄真正的越王勾践宝剑重见天日。那些传说在这柄绝世好剑面前，竟黯然失色。

1965 年秋天，荆州专区漳河水库渠道工程正式启动。这里临近春秋时期楚国的都城郢城，地下有丰富的文化遗存。为了工程顺利进行，考古工作者对附近的三座楚国墓葬做了清理发掘。

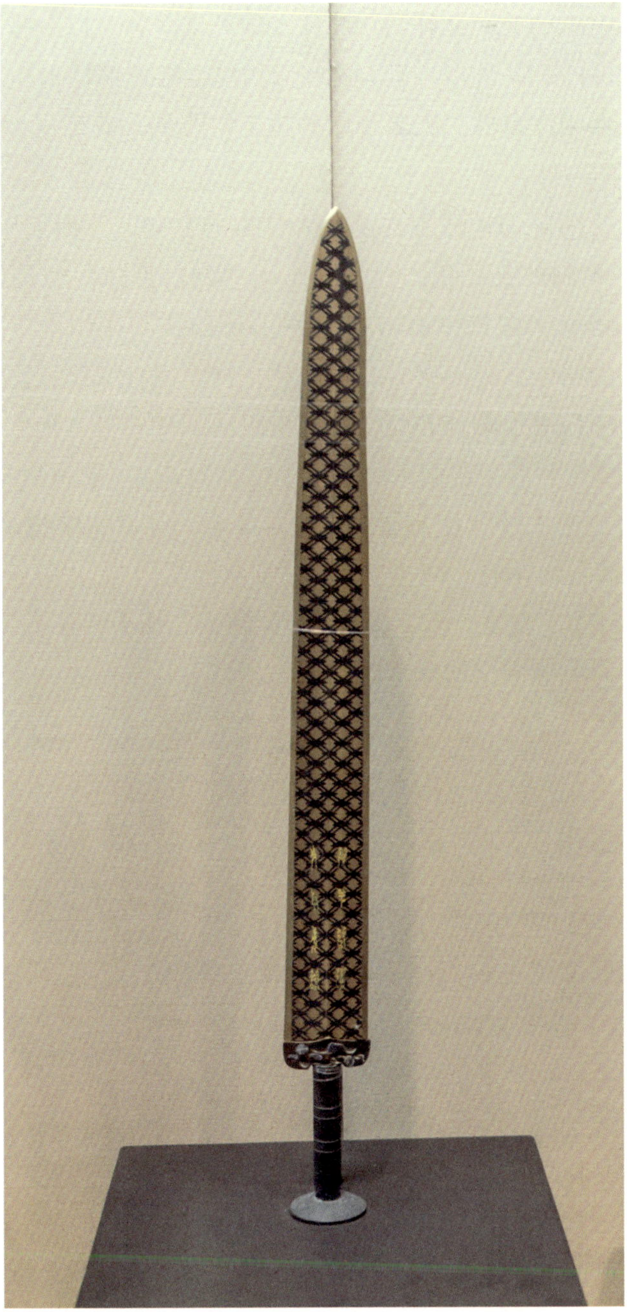

三座大墓出土的文物共计约700件，种类繁多，又以一号墓出土的文物最多，达400多件，占了多一半。这些文物里，有青铜器160余件、陶器60余件、竹木漆器100多件。大名鼎鼎的越王勾践剑，就是这160余件青铜器中最令人瞩目的一件。

出土时，这柄宝剑被放置在墓主人骨架的左侧，下面还压着一把铜削。宝剑插在一个木制的剑鞘里。在手柄末端的剑首部位，宝剑朝外翻卷，形成一个圆箍的形状。圆箍里面由11道同心圆组成。在剑身与剑柄之间的护手——也就是剑格处，正面镶有蓝色琉璃，背面镶有绿松石。宝剑的剑身上布满了规则的黑色菱形暗格花纹，在剑身距离剑格较近的地方，铸有“越王鸠浅自作用剑”8个鸟篆铭文（鸠浅，也就是勾践），笔画圆润，字迹清晰，阴阳可辨。这些铭文的宽度只有0.3—0.4毫米，可见铸字技术的高超卓越。宝剑的剑身修长，有中脊，两从刃锋利，前锋曲弧内凹。“冶铸淬炼之精，合金技术之巧，外镀之精良，剑上天然花纹之铸造，均为艺术上之超越成就。”

越王勾践的这柄剑深埋地下两千多年，出土时寒光逼人，完好如新，锋光夺目，刃薄锋利，令人大为叹服。

宝剑锋从浇铸出

一把两千多年前的宝剑，按说早该生锈腐朽了。可越王勾践剑却为人们上演了一出古兵器史上的奇迹——不但未曾遭到锈蚀，反而依然锋利无比。即便是20多层厚的复印纸，一剑下去也可以轻松切断。

这就奇怪了，这柄宝剑究竟用了怎样的铸造工艺，使它穿越两千五百年仍能够吹毛断发？

先来看看古人是怎么说的。

还是那本记载了勾践喜欢宝剑的《越绝书》，其中记载了著名的铸剑师欧冶子铸造宝剑时的壮观场面。据说铸剑用的锡，是因为赤堇山开裂才开采到的；铸剑用的铜，要等到若耶溪的溪水干涸，才能开采得到。这些材料攒齐以后，还要有雨师来洒水清扫，雷公来鼓风吹火，蛟龙来捧住冶炉，天帝亲自来装木炭，天神太一也跑来观看铸剑的过程，天地万物的精气随着这些天神而降临人间。欧冶子顺应这些精气，将自己的全部工艺和技巧施展出来，铸成了那五把宝剑。

在《吴越春秋》里，另两名铸剑师干将、莫邪的铸剑经历也极为传奇。相传干将和莫邪是一对夫妻，干将采集天底下最好的铁矿来铸剑，可铸造了整整 3 个月还是不能成功。于是，莫邪剪掉自己的头发和指甲，将它们投入冶炉里，又找来 300 名童男童女鼓风装炭，铁矿才开始熔化，最后铸成干将、莫邪这对雌雄宝剑。后来又有更极端的故事，说干将、莫邪最后都跳入冶炉，这才成功铸成这两柄利刃。

这些来自战国和两汉时期的铸剑传说，固然不能做真，但也反映出在时人眼里，想要铸造一柄绝世宝剑，要么以天神为工，要么以人血为祭，总而言之，是一件神圣又几乎难以完成的事业。

要解开越王勾践剑的密码，还得从剑体本身入手。经过复旦大学静电加速实验室等单位的检测后，人们发现，越王勾践剑的主要成分是铜、锡、铅、铁、硫、砷等元素。不过，剑的不同部位，含有的元素并不相同。剑脊的含铜量较多，韧性好，不容易折断；而剑刃却含有较高的锡元素，因此硬度大，非常锋利。为了保证剑脊和剑刃的不同成分，当时的铸剑师采用了复合金属工艺，先在极高温的环境下浇铸含铜量高的剑脊，再在温度相对偏低的条件下，浇铸含锡量高的剑刃。这是因为剑脊含铜量高，因而熔点也较高，能承受第二次浇铸的高温而不致熔化。这种复合金属工艺，既令剑身坚韧，在挥舞中不易折断；又保证了剑刃锋利无比，所向披靡。

名不虚传的“天下第一剑”

越王勾践剑削铁如泥，得益于复合金属工艺；而它千年不锈的秘密，则隐藏在外观处理技术之下。

宝剑上的黑色菱形暗格花纹大气沉稳，厚度仅有一张纸的十分之一，看起来精致高贵。但你绝对想不到，这些花纹不仅是宝剑的装饰品，更是它的护身符。

在铸剑师制造花纹时，首先在剑身用高锡粉末造出一个“涂层”。这些粉末含有较多硫化亚铜，有着优秀的防锈能力。完成“涂层”后，铸剑师在涂层上雕刻花纹，然后通过特殊的加热处理，使剑身上的氧化层脱落，花纹和防锈层便会出现。正是这层薄薄的保护膜，使得越王勾践剑能够与时间抗衡，在两千多年后的今天，再现当年越王勾践的雄武与荣耀。

然而，这项工艺曾长期困扰当代的考古学家和科学家。在很长一段时间内，他们都无法复制出这层薄薄的保护膜。在经历过无数次试验和失败后，人们才终于找到一种能做出一模一样效果的方法，叫“金属膏剂涂层处理工艺”。简单来说，就是像挤牙膏一样，将金属膏剂涂在剑身之上，再将宝剑放在一种酸性的溶液中。时间一久，剑身涂过金属膏剂的地方就会变成灰色，继而变成黑色，也就成功制造出了薄薄的保护膜。

越王勾践剑还有一项特别惊人的工艺，常被一般大众忽略，就是位于剑首的那 11 道同心圆。这些同心圆铜片的学名叫“薄壁同心圆”，是吴越宝剑中常见的装饰方法。越王勾践剑的薄壁同心圆总共有 11 圈，是迄今为止出土的吴越名剑里圈数最多的一柄宝剑。

在这些同心圆里，每一圈铜片都极薄，最厚不到 1 毫米，最薄的甚至只有 0.2 毫米。同心圆的间距各不相等，但都介于 0.3—1 毫米。即便在当代，铸造青铜剑时的铜片厚度也要求不能小于 0.3 毫米，否则用来铸铜片的范就太难做了。

春秋越王勾践剑上的薄壁同心圆

可以想见，在两千五百年前的春秋末期，制造出这样的薄壁同心圆需要多么高超的工艺。目前为止，这种薄壁同心圆在其他地区没有被发现，似乎只有吴越地区的铸剑师才能铸造得出来，也只有极少数的名剑才有这样的薄壁同心圆结构。越王勾践剑有力地证明了春秋时期铸剑技术的超群，难怪能被誉为“天下第一剑”。

越王剑为什么藏在楚人墓中

最后再来聊一个小话题：越王勾践剑为什么会出现在楚国人的墓葬中？

宝剑出土后，无论是剑主人还是墓葬主人，都曾困扰过考古学家。剑身上的8个铭文使用的是吴越地区流行的鸟篆文，非常不易辨识。考古学家经过一番研究，最初也只读出“越王”和“自作用剑”这六字，而最关键的表示越王名字的两个字，一时难以确定。

根据这个模糊的铭文，考古学家最初认为宝剑和墓葬主人可能是秦汉之际的越王，墓葬自然也是一座越国的陵墓。直到后来由唐兰、陈梦家、郭沫若等著名古文字学家指出，铭文中那两个字是“鸠浅”，也就是“勾践”，宝剑的主人才尘埃落定。与此同时，学者也最终认定这座墓葬不是越国墓葬，而是战国楚威王至楚怀王统治时期楚国贵族之墓。

于是问题来了：春秋末年越王的宝剑，怎会出现在战国时期楚国贵族的墓葬中？

最初，学者认为这是在战国末年，楚国灭掉越国以后从越国获得的战利品。后来发现，这与楚墓的时间对应不上。

原来，楚威王以前，楚国和越国关系密切，有过一段“蜜月期”。曾经攻破楚国首都郢城的吴国，就是被越王勾践灭掉的。勾践还把女儿嫁给楚昭王，而后生下了楚惠王。勾践的这柄绝世宝剑，很有可能就是女儿嫁到楚国时随身携带的嫁妆。后来，楚王将这把宝剑赐给了一位颇受重用的宗室贵族，也就是一号墓的墓主，于是越王勾践剑就成为这位贵族去世后的随葬品。越王勾践剑不仅是一把神兵利器，更见证了楚越两国之间的深厚情谊。

春秋越王勾践剑的铭文

肆

号令天下，莫敢不从

战国杜虎符

【国宝档案】

名称：战国杜虎符

年代：战国，前 475—前 221 年

规格：长 9.5 厘米，高 4.4 厘米，厚 0.7 厘米，重 0.08 千克

材质：青铜

出土时间：1975 年

出土地：位于今陕西省西安市雁塔区北沈家桥

收藏地：陕西历史博物馆

战国杜虎符

从“符”“合”到“符合”

在我们的日常生活中，经常会用到一个词——“符合”。按照字典的解释，“符合”的意思是：（数量、形状、情节等）相合。不过，在两千多年前的战国秦汉时期，“符”与“合”却是两个词。

“符”是中国古代常用的一种信物。朝廷向所属的部门、人员传达命令，或者征调兵将等，都会用到“符”，其中又以调兵的虎符最为重要。这是一种制作成老虎造型的符，通常分为两半。当两半相合时，就能作为调兵的凭证。

传说，虎符的发明人是在《封神榜》中大显神通的姜子牙，最初用玉、角、竹、木、铅等材质制作。到了春秋战国时期，开始出现用青铜、黄金制造的虎符。隋唐以后，符又被做成麒麟、鱼、兔子、乌龟等动物的样子。到了宋朝，手持虎符的同时，还要配有说明相应情况的文书，这样才能使虎符生效。再后来，虎符逐渐变成令牌，最终退出了历史舞台。

虎符是非常珍贵的出土文物。在我国，现存于世的虎符只有三个，分别是杜虎符、阳陵虎符和新郪（qī）虎符。其中，年代最久远的是杜虎符。

你可能发现了，许多国宝级文物刚刚出土时，由于没有专业人员鉴定，人们往往不知道它们是什么，因而也不怎么重视。有人把它们当玩具，还有

战国杜虎符的背面

人甚至把它们当废铜烂铁卖掉。杜虎符刚被发现时，也经历了这样的遭遇。

1975 年冬，陕西西安郊区山门口公社北沈家桥村的农民杨东锋在平整土地时，捡到了一块绿锈斑驳的铜制品。他本想把这件铜制品卖给废品站，可分量太轻，卖不了几个钱，只好作罢。不过，他觉得这件铜制品的形状很特别，也没舍得扔，就将其带回家，交给妹妹（一说外甥）当玩具。

几年后，铜制品表面的绿锈开始掉落，杨东锋惊奇地发现，在铜锈剥脱的地方，居然露出了闪闪发光的金字。他意识到这件铜制品绝不简单，便辗转将它带到陕西省博物馆（陕西历史博物馆的前身），碰巧遇到了考古专家戴应新。

经过仔细审视，戴应新断定这是一枚十分罕见的战国虎符。1978 年 11 月 30 日，虎符正式入藏陕西省博物馆。经过博物馆工作人员和相关历史学家的研究，最终明确这是一件战国时期的杜虎符。1979 年，发现杜虎符的信息被发布出来，很快就引起国内外学术界和社会各界的广泛关注与讨论。

关乎国家生死存亡的虎符

前面提到，一对虎符包括左右两半。杜虎符只是左半符，造型是一只挺立行走的老虎。它昂首环眼，半张口，耳向后紧贴脑际，收腹弯背，两腿前屈，尾端上卷，这生龙活虎、跃跃欲试的样子，与军队应有的高涨士气十分相符。虎符正面突起，犹如浮雕，颈部有一个小穿孔；背面有凹槽，用来与另一半虎符无缝相扣。

杜虎符的正面有错金铭文 9 行，共 40 个字，字体均为圆转秀丽的悬针小篆。这段铭文制作手法相当精湛。工匠首先要在虎身之上镂刻阴文，再将金丝嵌入阴文之中，最后镂平、打磨光亮。两千多年过去了，杜虎符的铭文仍然熠熠闪光，足见当年制作铭文的技术高超。

铭文的具体内容如下：

兵甲之符。右才（在）君，左在杜。凡兴士被甲，用兵五十人以上，必会君符，乃敢行之。燔燧之事，虽毋（毋）会符，行殹（也）。

大意是说：调兵之符，右半符掌握在国君手中，左半符掌握在杜地的军事长官手中，凡要调动50人以上的带甲兵士，杜地将军的左符要与君王手中的右符契合并勘验无误，才能行动。但遇上烽火报警的紧急情况，不必合验兵符，即可行动。

春秋战国时期，君权和军权日益集中，军队的将领都必须由君主任命。这些将领只有统兵作战之权，却无调动军队的权力。要调动军队，就必须持有国君授予的虎符。兵符虽然不大，却是君权至高无上的象征，保障了君主对军队的绝对控制，从而加强了君主的专制统治。

话又说回来，从杜虎符的铭文中，我们也能看到，在十万火急的情况下，即便没有兵符，将领也可以便宜从事，调动军队。毕竟，战国是一个战火纷飞的时代，军情紧急，山高水远，又没有现代通信设备，而战机往往稍纵即逝。但这种“便宜从事”只是在极为特殊的情况下，才被君王允许。

在与虎符发兵关系密切的故事中，最著名的要数“窃符救赵”了。

公元前257年，强大的秦军包围了赵国的都城邯郸，赵国危在旦夕。唇亡齿寒，如果赵国灭亡，与之比邻的魏国也难逃亡国厄运。赵国数次派人到魏国请求支援，可魏王害怕得罪秦国，始终不肯发兵。魏王的弟弟信陵君百般劝谏无效后，决定自己想办法解救赵国。

信陵君先通过魏王的宠妃如姬，从魏王的寝室中盗出由君王掌握的半枚虎符，再拿着虎符赶到前线，假传魏王命令，让大将晋鄙交出军队。晋鄙虽然合验了虎符，仍对命令有所怀疑。千钧一发之际，信陵君的一名门客一跃而起，击杀了晋鄙。信陵君这才成功调动大军出征，解了邯郸之围，赵国由此得救，魏国也转危为安。虎符成为扭转国家生死存亡的拐点。

阳陵虎符与新郪虎符

杜虎符的“杜”字是一个地名，因为用这枚虎符可以调动秦国在杜的驻军，因而被今天的学者命名为“杜虎符”。存世三大虎符中的另外两枚的命名规则也一样，阳陵虎符用来调动阳陵的军队，新郪虎符调动的自然是新郪的军队。

阳陵虎符相传是在山东省枣庄市临城出土，后被郭沫若购得。抗战时期，身在重庆的郭沫若于空闲时在地摊上发现了一件造型古朴的铜老虎，并可分成两半。他当即意识到这可能是一对古代的兵符，便买了下来。经仔细考证，专家们认定这是一对秦始皇时期铸造的阳陵虎符。

阳陵虎符现藏于中国国家博物馆，也是用青铜制作，长 8.9 厘米，宽 2.1 厘米，高 3.4 厘米，中分为二，这是现存三大虎符中，唯一一枚左右符完整的

阳陵虎符

虎符。不过由于年代久远，左右两半虎符的对合处已经锈死，无法分开了。

尽管都以老虎为造型，阳陵虎符的形象却与杜虎符大不相同。杜虎符是一只立虎，而阳陵虎符的老虎却是俯卧在地，昂首翘尾，栩栩如生。

阳陵虎符的左、右颈背各有相同的错金篆书铭文 12 字：“甲兵之符，右才（在）皇帝，左才（在）阳陵。”大意是说，调动军队的兵符，右符在皇帝手里，左符在驻扎阳陵的将领手里。

新郪虎符通长 8.8 厘米、前脚至耳尖高 3 厘米、后脚至背高 2.2 厘米，重 95 克，据说是西汉时的淮南王刘安私刻的。新郪虎符与杜虎符相似，只有左半符；造型又与阳陵虎符一样，是一只卧虎。在虎符上刻有的铭文，内容为：“甲兵之符，右才（在）王，左才（在）新郪。凡兴士被（披）甲，用兵五十人□（以）上，[必]会王符，乃敢行之。燔□（燧）事，虽母（毋）会符，行殹。”大意与杜虎符和阳陵虎符大同小异。

细看之下，三大虎符还是有一点区别。杜虎符的外形是立虎，而阳陵虎

新郪虎符拓片（法国巴黎陈氏藏）

符和新郪虎符的外形是卧虎；杜虎符的铭文是从虎的颈部和背部起向下方竖刻，而阳陵虎符和新郪虎符是从虎头向虎尾竖着镌刻的。杜虎符的铭文笔画多方折，而新郪虎符的字形则在方中带些圆折。制造于战国时代秦国的杜虎符，称秦王为“君”。而秦始皇时代的阳陵虎符称国君为“皇帝”。显然，这时的秦始皇已经统一了六国，成为中国历史上的首位皇帝。新郪虎符对君主的称谓又改变了，直接称为“王”，因为当时淮南王与秦王虽然都是王，但淮南王同时是西汉皇帝的臣子，按照爵位称“王”可以，在皇帝面前再自称“君”，就显得不合时宜了。

历史价值和艺术价值

出土的文物，最直观的作用莫过于让我们亲眼看到古人社会生活中的真实器物，从而从这些器物中了解历史。而出土文物自身散发出的审美情趣，又给我们以美的享受。

除了这些意义外，那些带着文字的出土文物往往还具有史料价值。别看虎符上的文字寥寥无几，却暗中为我们传递了许多信息。三大虎符的铭文直白地告诉我们虎符如何保存、如何使用，为我们研究和了解战国秦汉时期的调兵遣将制度提供了真实的证据。

还有一些历史细节，为历史学家们透露出重要的信息。比如杜虎符的铭文就说明，秦国在少陵设有杜县（今西安市东南），这一地区在西周时曾是杜国的封地。史书对秦国的记载并不充足，正是有了这些出土文物上的文字，才使我们对秦国有了更加详细和深刻的认识。此外，杜虎符上成熟的小篆书体也说明，早在秦始皇统一文字、丞相李斯书写标准的篆书之前，在战国时代，事实上就已经存在小篆这一字体了。

因此，三大虎符都具有很高的历史价值和艺术价值。

伍 改变世界的“第五大发明”
北燕铜鎏金木芯马镫

【国宝档案】

名称：北燕铜鎏金木芯马镫

年代：十六国·北燕，燕文成帝太平七年以前，415 年以前

规格：分别高 23.2 厘米、25 厘米，宽均为 16.9 厘米

材质：铜

出土时间：1965 年

出土地：位于今辽宁省北票市西官营子北燕冯素弗墓

收藏地：辽宁省博物馆

北燕铜鎏金木芯马镫

人类历史上第一副金属双马镫

如果提起中国古代科学技术的最高成就，一定会有不少人自豪地说：四大发明。对于造纸术、火药、指南针和活字印刷术这“四大发明”，中国人早已如数家珍。在西方人眼里，中国有两件发明给世界带来了实质性的改变，一件就是四大发明之一的火药，另一件你一定想不到——马镫。

在辽宁省博物馆，就珍藏着一对铜鎏金木芯马镫。1965 年，辽宁省博物馆文物工作队在北票西官营子发掘了北燕权臣冯素弗的墓葬，清理出近 500 件陪葬品，其中有精美的鸭形玻璃注，有被称作“珠画秘器”的彩绘木棺，有被视为明清朱漆箱匣鼻祖的嵌骨漆器……然而，在众多重量级文物之中，最为世人瞩目的，竟然是一对看起来并不起眼的铜鎏金木芯马镫。这对马镫究竟有怎样的魔力？

在正式走近这对铜鎏金木芯马镫前，我们不妨先来认识一下北燕和冯素弗。话说晋朝统一魏、蜀、吴三国后不久，便爆发了内乱，此后与周边的少数民族爆发激烈的战争。最终，晋朝只保有南方半壁江山；而北方和四川地区，却由各族首领先后建立起 16 个政权，史称“十六国”。北燕就是十六国之一，疆域局促，只有今天的辽西一带。冯素弗是北燕君主冯跋的弟弟，位高权重，去世于北燕太平七年（415 年）。

铜鎏金木芯马镫是冯素弗生前所用之物。所谓马镫，就是一个平底的环形物，用皮带固定，悬挂于马、驴、骡等动物身上的鞍的两侧，供骑者放置双脚，还可以辅助骑者上下。

这副铜鎏金木芯马镫分别高 23.2 厘米、25 厘米，宽均为 16.9 厘米，做工精细，造型规整。马镫镫环的木芯采用三棱体的桑木制成。之所以用桑木，是因为桑木具有其他木材无法比拟的弹性。制作者先将桑木条揉成近似于圆角三角形，木条两端向上合成镫柄，结合处插入三角形的木楔，用来保证马镫在承受脚踏的重力时，不会发生变形。木芯揉好后，又在镫环和镫柄外面包钉了一层鎏金铜片；镫环内侧则加钉了一层薄薄的铁片。

看起来，这样一副马镫并没有什么稀奇，然而，在它身上承载的不仅仅是当年骑马弯弓的冯素弗，而是“第五大发明”的盛誉。在目前的考古发现中，同一时期的还有其他金属马镫，但这件冯素弗的铜鎏金木芯马镫，却是目前考古发现唯一的年代可靠的完整双马镫实物，是最早的一副双马镫实物。

从单马镫到双马镫

什么！马镫还分单双？在人们的常识里，马镫一直都是一副一副的，左右各一个。可历史上，马镫却经历了从单马镫到双马镫的变革。

所谓的单马镫，就是只在马匹一侧安装的马镫。如果你读过《三国演义》，对“丁奉”这个名字一定不会陌生。他是三国时期东吴的大将。2019 年，在

丁奉墓出土的带有单马镫的骑马鼓吹俑（六朝博物馆藏）

南京市鼓楼区幕府山南麓五佰村的丁奉墓中，出土了16件骑马鼓吹俑，其中一件在马鞍的左侧，有一个三角形的结构，经过专家反复确认，最终认定这是一个单马镫。丁奉去世于吴建衡三年（271年），这是迄今为止出土所见最早的马镫证物。单马镫在当时被称为“跨蹬”，这种马镫并不是用来骑乘时承载骑者的脚的，而只是一种上下马时的辅助工具。

除了单马镫，在当时还有一种“布马镫”，这种骑马的工具始见于西汉的壁画。顾名思义，布马镫是用布做的，能够承载的重量有限，而且位置还相对靠前。因此，这种布马镫的最大作用，是让骑马人无处安置的双脚有个地方可放，从而感到更舒适。

单马镫和布马镫，都为骑马人带来了方便和舒适，可除此之外，什么也没有改变。

真正的变革，来自鲜卑人的墓葬。这些墓葬建于公元3世纪中叶至5世纪初，墓主人不乏冯素弗这种与鲜卑关系密切的汉人。在这些墓葬中，出土了多个金属双马镫。除了冯素弗那件铜鎏金木芯马镫外，在今辽宁省朝阳市姚金沟墓葬中也出土了木芯双马镫，唯一的不同是，木芯外包的不是金属，而是皮革。

在这一时期，辽西地区先后由鲜卑建立的前燕、后燕，以及与鲜卑关系密切的汉人建立的北燕政权统治。在那里发现的马镫实物时代早、数量多、形制原始，基本上反映出马镫由最初的单镫到较完备的双镫，由较原始的皮革或木质马镫到比较成熟的铜、铁制马镫的发展过程。由此可见，双马镫的出现，与善战的鲜卑人有着紧密联系。

拉开骑兵时代的序幕

为什么双马镫的出现是一场变革？这还要从没有马镫的时代说起。

在马镫出现以前，人们骑跨在裸马的背上，必须紧紧抓住缰绳或马鬃并用腿夹紧马腹，才能保证骏马在飞驰的时候，自己不会从马背上摔下来。

但这种方式极不可靠。骑马的人没办法长时期骑乘，因为太累了，不仅全程要手脚使足劲，而且精神需要高度紧张，长久骑马，比“跑腿儿”还要疲惫。更何况，一旦发生战争，骑兵一面或挥舞大刀长矛，或搭弓射箭，一面还要想办法保持平衡，不因为使劲过猛而被甩出去，这样的技术难度太大了。有时只是短兵相接，就能让失去平衡的骑兵掉下马来。根据史书的记载，当时竟然还有不少人是因为喝醉酒失去平衡而从马上掉下来重伤致死的，其中甚至包括十六国时期南凉的开国君主秃发乌孤。

正因如此，在双马镫出现以前，无论东方还是西方，骑兵虽然是军队中的重要兵种，却始终没有成为绝对主力。

在东方，骑兵不是用于远程弓箭攻击，就是用于奇兵突袭，要么就是游牧民族那种“打一枪换一个地方”。总之是充分运用骑兵神出鬼没的灵活性，却很少有让骑兵去打白刃战。在西方也一样，即便是亚历山大大帝的马其顿骑兵，一旦利用速度优势达到目的后，便会让骑兵们下马作为步兵投入战场。

总之，没有双马镫，谁也不能保证自己不从马背上摔下来。

后来有了单马镫和布马镫，仍然解决不了这个问题。如果骑兵在马背上脚踩单马镫，就会重心偏移，这样更容易失去平衡；而布马镫根本没法承受骑兵的力量，你在马背上挥舞长矛，脚下稍一用力，布马镫可能就被踹成碎片了，保不齐你还会因为一脚踩空，从马背上掉下来。

所以，在没有双马镫的年代里，骑兵始终是一种作战效率低、危险系数大的小众兵种。

而以铜鎏金木芯马镫为代表的金属双马镫，却从根本上彻底改变了这种窘境。双马镫为骑兵的双脚提供了强有力的支撑点，骑者更容易在鞍上坐稳，也更容易驾驭战马，人与马终于连为一体。

骑兵也第一次解放了双手，他们通过双马镫，依靠双脚，就可以将自己牢牢固定在马背上。他们可以手持弓弩，在风驰电掣的战马上且骑且射；也可以拿着大刀长矛，在马背上左右大幅度摆动，完成左劈右砍的动作。这样一来，以速度著称的骑兵不再仅仅是昔日的奇袭部队，更可以利用速度优势进行正面冲击。从双马镫诞生之日起，骑兵部队正式进化为冷兵器时代的主力兵种，以骑制步、以少胜多、以快击强的“骑兵时代”正式拉开序！

《大英百科全书》不无赞叹地评价道：“让人无比惊讶的是，人类骑兵时代的实现，居然是因为马镫的发明！”

“神奇的中国靴子”改变世界

马克思曾经高度赞扬中国四大发明对欧洲社会变革的作用，提到“火药把骑士阶层炸得粉碎”。骑士阶层是欧洲中世纪封建制度的重要代表，在摧毁欧洲封建制度、建立近代制度的过程中，来自中国的火药居功甚伟。

而同样是在欧洲奴隶制度解体、封建制度确立的过程中，来自中国的另一项发明——金属双马镫又发挥了不可替代的重要作用。

目前发现的欧洲最早的马镫实物，出现在公元 6 世纪匈牙利阿瓦尔人的墓葬中。阿瓦尔人的祖先，是十六国北朝时期称霸蒙古草原的柔然人。有趣的是，柔然人曾与北燕王族联姻，关系非比寻常。联想到北燕的铜鎏金木芯马镫，欧洲第一副马镫出现在阿瓦尔人的墓葬中，就恐怕不是巧合了。

公元 6 世纪，柔然人被北魏击败，随后沿着草原丝绸之路，向西迁徙到匈牙利定居，成为那里的阿瓦尔人。阿瓦尔人的骑兵一度锐不可当，原因之一便是使用了独一无二的铁制马镫。为了消除阿瓦尔人的威胁，拜占庭帝国（东罗马帝国）皇帝提比略二世于公元 580 年亲自训练骑兵，并特别强调要使用铁制马镫。这是欧洲文献资料中第一次提到马镫。

装备了金属马镫的欧洲骑兵从此脱胎换骨，并逐渐形成了一个特别的骑士阶层，他们成为欧洲中世纪封建制度的最有力维护者。可以说，在欧洲向封建社会过渡的重要历史阶段，马镫起到了不可替代的重要作用。

正因如此，《中国科技史》的作者、英国科技史权威李约瑟认为："只有极少的发明像脚镫这样简单，但却在历史上产生了如此巨大的催化影响！就像中国的火药在封建主义的最后阶段帮助摧毁了欧洲封建主义一样，中国的脚镫在最初帮助了欧洲封建制度的建立！"他不无赞许地说，"中国人是世界上最早发明马镫的民族。"时至今日，马镫仍然被称为"神奇的中国靴子"。

一个小小的马镫，不仅改变了世界古代的军事格局，还推动了社会制度的变革。这样的影响力，足以使它与四大发明比肩，被称为中国古代的"第五大发明"。

第六章

惟妙惟肖，鬼斧神工：中国雕塑之美

导·语

早在新石器时代，我们的祖先就在制作陶器时，通过雕塑来塑造出各种美丽的形状，乃至形象。从那一刻起，中国人的雕塑审美开始萌芽。在此后漫长的历史长河中，陶器、青铜器、佛像乃至陵墓石刻，都成为承载中华雕塑艺术的重要载体。

从新石器时代那朴素的妙龄少女形象到东汉浪漫唯美的铜奔马，从在地下陪伴秦始皇的兵马俑大军到融合多元文化因素的云冈石窟大佛，及至唐太宗、阎立德、阎立本、欧阳询“四大名咖”联手打造的昭陵六骏石刻，中国古代雕塑艺术达到了登峰造极的水平。

宋代以后，雕塑仍然十分盛行，工艺水平也进一步提高，雕刻出的塑像形象逼真、表情生动，可是技巧上的精致却渐渐削弱了艺术上的创造，我国古代雕塑从此进入了相对的低潮期。

黄河文明的摇篮
马家窑文化人头形器口彩陶瓶

【国宝档案】

名称：马家窑文化人头形器口彩陶瓶，又名彩陶人形双系瓶

年代：马家窑文化（仰韶文化马家窑类型）早期，前 3900—前 3500 年

规格：高 31.8 厘米，口径 4.5 厘米，底径 6.8 厘米

材质：陶

出土时间：1973 年

出土地：位于今甘肃省天水市秦安县邵店村大地湾遗址

文物保护：2013 年列入《第三批禁止出境展览文物目录》

收藏地：甘肃省博物馆

觉醒的人类

1973 年，甘肃省秦安县大地湾出土了一件完好的人头形器口彩陶瓶。这件彩陶瓶的材质为细泥红陶，其中含有少量的白色细砂，表面打磨得很光滑。彩陶瓶整体为两头尖、中间鼓的圆柱体，下腹部向里收成小平底。瓶子两侧的腹耳已经残破，上腹也出现了破裂。不过，古人还是对上腹做了精心的修复，将破裂的陶片粘接了起来，足见当时人们对这件彩陶瓶多么珍惜与爱不释手。

彩陶瓶的器口做成了一个栩栩如生的人头形象。这个形象细致到连头发的发式都有具体刻画，左右和头后都是披发，前额却垂着一排齐刘海；她的眼睛镂空成孔洞，显得目光深邃，给人以神秘感；蒜头形的鼻子高高挺立，表现出坚毅的性格，同时还镂出了鼻孔；小嘴微微张开，就好像在说话一样；

马家窑文化人头形器口彩陶瓶

在双耳处打有小洞，应该是挂装饰物用的，可惜只有一只耳朵，而且已经残破；在头顶上还有一个圆孔，作为整个瓶子的瓶口。

彩陶瓶的瓶身上绘有黑彩圆弧纹与变体鸟纹，自上而下分为三层；自腹部往下饰浅淡的红色陶衣。这些装饰纹路就像是这位女性所穿衣服上的图案，与瓶口处的人头像协调一致，给人一种轻快明亮的感觉。

整个彩陶瓶的形象与装饰浑然一体，塑造出一位亭亭玉立的美少女，端庄典雅、古朴大方。从制作手法上看，这件彩陶瓶上的圆雕人头像已运用了雕镂、贴塑、刻画等不同的雕塑手法。彩陶瓶是集彩陶、雕塑、造型于一身的杰出艺术品，体现了先人们高超的艺术水平，是他们对现实生活细致观察后进行的艺术再现。

人头形器口彩陶瓶的人面形象五官比例恰当，正侧体面分明，凹凸对比适度，说明在新石器时代，我们的先人已经意识到自己在世界中的地位，产生了一种想要控制自然力的信念，他们将自己那经过装饰和美化的面相视为一种力量。某种意义上说，这种朴素的审美，其实是人类对自我认知的一种觉醒。

审美意识和雕塑艺术创作的萌芽

1975 年，在同处秦安县的寺咀村，又出土了一件人头形器口彩陶瓶。这件彩陶瓶也是用红陶制作的，不过与大地湾的那件彩陶瓶不同，寺咀村彩陶瓶的表面施的是一层橙黄色陶衣，表面也只是略加打磨，没有大地湾那一件光滑。彩陶瓶的瓶口也是一个人头形象，额上部有一层堆起的泥条，用来表示头发；眼睛镂空，并在周围加上一圈凸起的泥条，使眼睛显得突出；鼻子呈三角形，没有鼻孔；嘴刻成一个凹洞，微微张开；耳朵上打着小孔，用来挂装饰物。这件彩陶瓶与大地湾的彩陶瓶的制作年代相当，但造型更加单纯，制作方法显然简朴粗放了很多。

寺咀村出土的人头形器口彩陶瓶（秦安县博物馆藏）

此外，在甘南藏族自治州卓尼县木耳乡冰厓村附近，也出土了一件人头形器口彩陶瓶。冰厓村的彩陶瓶通高24厘米，口径6厘米，底径7厘米，同样是红陶制作，同样绘有黑彩。人面的头发制作成篦纹状的垂发，还描了黑彩；眉骨平直而隆起，鼻子为倒三角锥形；双眼镂出小孔，孔洞向下弯曲；嘴部也镂空成一个小洞，两头还微微上翘；两只耳朵有两个凹坑；下腹部绘制出几何纹路。

就总体风格来说，冰厓村、寺咀村和大地湾出土的三个彩陶瓶是大体一样的。相比而言，大地湾的彩陶瓶制作最为精致，器形高挑，最为漂亮；冰厓村的彩陶瓶器形圆润，人面表情最丰富，表现出祥和喜乐的欢快神情；而寺咀村的彩陶瓶就比较简单粗糙了。

冰厓村出土的人头形器口彩陶瓶（甘南藏族自治州博物馆藏）

但无论粗糙还是精致，简朴还是细腻，这三件人头形器口彩陶瓶都反映出我们祖先那正在萌芽中的审美意识和雕塑艺术创作。

是储酒的瓶子，还是祭拜祖先的用具?

那么，这些人头形器口彩陶瓶是用来做什么的呢?

由于出土的这一类彩陶瓶数量过于稀少，专家学者其实也没有十分确定的说法，只能做一个大概的推测，因而大家对彩陶瓶的用途也就有不同的说法。

一些专家认为，这类人头形器口彩陶瓶兼具艺术性和实用性。艺术性我们在前面说过，那实用性表现在哪儿呢？就表现在三件彩陶瓶头顶上的小圆孔。既然在彩陶瓶的开口处留下了圆孔，说明这些瓶子还是要用来装东西的，还可以很方便地将东西从瓶子里取出来。但是，什么样的东西可以通过这么窄小的瓶口呢？

大家推测，应该是某种不常用的液体，这种液体很可能是酒。三件彩陶瓶都属于仰韶文化，学者根据近几年对仰韶文化的研究发现，出土的文物中确实有酒的残留。这样看来，用人头形器口彩陶瓶来储藏酒的推测相当合理。

不过，另一部分学者则认为，情况可能没这么简单。

前面提到过，大地湾出土的那件人头形器口彩陶瓶曾有破损，当时的人们又对它做了修复，这说明古人对这件彩陶瓶十分珍惜。而且从出土情况看，人头形器口彩陶瓶确实十分稀少。如果它真的是用来装酒的，那绝不仅仅是一个储藏酒的容器，而应该与原始宗教信仰或原始崇拜的祭祀仪式有某种联系。

至于这种原始宗教信仰或原始崇拜的内容是什么，学者们又有不同意见。有专家认为，彩陶瓶的腹部都很大，象征着孕妇形象，可能是当时的人们对生殖崇拜和助产巫术的体现。

有专家则表示，人头形器口彩陶瓶与生殖崇拜无关，而是应用于祖先崇拜。比如大地湾出土的那件彩陶瓶，从出土背景看，可能就处于史前人类的房屋之中。彩陶瓶上的人头形象，就很有可能是当时人类模仿祖先形象创造出来的，摆放在房屋的厅堂之内，可以供族人纪念和拜谒。在举行祭祀祖先的仪式时，巫师先把美酒注入彩陶瓶，再将瓶中美酒一饮而尽，微醺的巫师由此进入虚幻状态，就像进入了另一个世界一样，然后便代表族人与逝去的祖先对话，同时表达族人对祖先的敬重与思念之情。

登峰造极的马家窑文化彩陶

当你看到人头形器口彩陶瓶时，特别是那橙红色的陶器和上面装饰的黑色花纹时，是否有一种似曾相识的感觉呢？没错，我们介绍的第一件文物——人面鱼纹彩陶盆，也为红色的彩陶、黑色的花纹。

人头形器口彩陶瓶来自马家窑文化，或者称为仰韶文化马家窑类型。这种文化与半坡地区的仰韶文化是近亲，甚至连最早的发现者都是同一个人。1924年，瑞典地质学家安特生在甘肃省临洮县洮河西岸的马家窑村麻峪沟口发现了一处远古文化遗址，当时便将它定名为仰韶文化马家窑期。

马家窑文化主要分布在甘肃中南部和青海东北部、宁夏南部地区。既然在文化上是近亲，陶器风格的相似乃至一致就理所应当了。不过，跟中原地区的仰韶文化相比，马家窑文化制作的彩陶可以用“登峰造极”四个字来形容。

中原地区仰韶文化的彩陶衰落以后，马家窑文化的彩陶又延续发展数百年，将彩陶文化推向前所未有的高度。马家窑文化的制陶业非常发达，而且制作出的彩陶器比中原地区的更加精细，绚丽又不失典雅。这些彩陶器精品以数量多、制作精美和纹饰繁复而闻名于世，丰富多彩的图案构成了典丽、古朴、大器、浑厚的艺术风格，其题材之丰富、花纹之精美、构思之灵妙，是史前任何一种远古文化所不可比拟的。

之所以能取得这样巨大的成就，与马家窑文化的制陶工艺息息相关。在许多马家窑文化的遗存中，人们发现了窑场和陶窑、颜料以及研磨颜料的石板、调色陶碟。马家窑文化以泥条盘筑法来制作陶坯，陶质呈橙黄色，器表打磨得非常细腻。那时的人们还使用了慢轮修坯的工艺，利用转轮来绘制同心圆纹、弦纹和平行线等纹饰，表现出娴熟的绘画技巧。这些绘画技巧又对中国产生了深远影响。马家窑文化用毛笔作为绘画工具，用黑色的线条描绘花纹图案，奠定了中国画发展的历史基础与以线描为特征的基本形式。某种意义上讲，马家窑文化的彩陶图画成为史前的“中国画”。它不仅是工业文明、农业文明的源头，同时孕育了源远流长的中国文化艺术的起源与发展，其神奇辉煌的艺术魅力还在震撼着我们的心灵。

贰

世界第八大奇迹
秦始皇帝陵兵马俑

【国宝档案】

名称：秦始皇帝陵兵马俑

年代：秦代，前221—前207年

规格：兵俑高约1.8米；马俑身长约2.1米，通高1.72米

材质：陶

出土时间：1974年

出土地：位于今陕西省西安市临潼区骊山镇西杨村

收藏地：秦始皇帝陵博物院

震惊中外的发现

1974年初春，陕西关中地区遭遇了严重的旱灾。为了缓解旱情，临潼县骊山镇西杨村的村民们决定掘地打井。是年3月，村民们在秦始皇陵以东1.5千米的地方挖井，当挖到1米多深时，突然发现一层红土，而且这层红土还异常坚硬。挖到这样奇怪颜色的土，村民们都非常紧张，可为了吃饭，不得不继续挖下去。

突然，一个形象非常恐怖的陶质人头从土里冒了出来！但见那人头上长角，双名圆睁，大口紧闭，唇上还长着翘卷的八字胡！村民们以为是地里出来了神仙，惊叫道："瓦爷！"

为了一探究竟，大家挥舞着铁锹又在附近的地里刨下去。这一刨不要紧，不仅一颗接一颗陶质俑头从土里滚了出来，还有大量的残腿断臂、破碎的陶

秦始皇帝陵兵马俑

瓷片被翻了出来。这里本就距秦始皇陵不远，一切都说明在这片土地下，一定埋着什么了不得的东西。

是年 7 月，考古工作者正式对这片土地进行挖掘，最终挖出 4 个秦始皇陵的陪葬坑，按照发现的先后顺序，将它们分别称为一号坑、二号坑、三号坑和四号坑。其中，前三座坑中都有大量兵马陶俑出土，均为坐西朝东，彼此呈“品”字形排。其中，一号坑位于中间，在它的左右两侧分别是二号坑和三号坑。

三座大坑里的兵马俑，就是震惊中外、被称为“世界第八大奇迹”的秦始皇帝陵兵马俑。

从人殉到陶俑

那么，何为陪葬坑？为什么在陪葬坑里会有这么多的兵马俑？这一切，还要从秦始皇的陵墓说起。

秦始皇二十六年（前 221 年），秦国灭掉了齐国，结束了统一六国的战争。中国历史上第一个统一王朝——秦朝，就此诞生。不可一世的秦王嬴政认为自己“德兼三皇，功盖五帝”，于是将自己的称号改为“皇帝”。由于嬴政是历史上第一位皇帝，故而自称“始皇帝”。

自嬴政登基的秦王政元年（前 247 年），直至他死后的秦二世二年（前 208 年），秦始皇陵整整修建了三十九年。这座人类历史上空前浩大的工程，不仅包括宏伟壮丽的地下宫殿，还包括多个蔚为壮观的陪葬坑。

中国历史上，曾实行过一种惨绝人寰的人殉制度。按照这种制度，当君主、贵族去世后，要用大量的奴隶作为殉葬品，称为“人殉”。不少人殉甚至是被活生生埋进坟墓里的。当时，人们认为只有让这些人殉陪葬，才能让他们在另一个世界继续给君王、贵族当牛做马。殷商王朝是人殉最兴盛的时期，仅在殷墟的王陵区发现的十余座大型墓葬里，就挖掘出被作为人殉的五千余人。

周武王推翻商纣王以后，周王朝吸取教训，强调“明德保民”。在周礼的制约下，人殉现象得到一定抑制。然而，随着春秋时代的列国争霸、礼崩乐坏，这种古老而残酷的制度居然死灰复燃了。直至战国时期，随着文明的进步，各大诸侯国才先后命令禁止了人殉。秦献公元年（前 384 年），秦国也正式废止了人殉制度。

尽管因为丧失人道，人殉遭到上至诸侯下至士人的抵制，但它作为传统毕竟延续了一两千年，也不是说废就能废的。既然不能用真人来殉葬，总还要找个替代品。伴随社会变革和丧葬习俗的变化，人们开始使用陶俑来殉葬。本质上讲，陶俑仍然是“人”，所以才会做成人的样子，就跟烧纸人一个意思。“俑”的本意就是人殉。所以，孔子才会咒骂道：“始作俑者，其无后乎！”但不管怎样，用俑来殉葬，总比用人文明多了。

了解了这段历史，同学们就能明白为什么在秦始皇陵附近会挖到这么多陪葬用的大坑；为什么要在这些陪葬大坑里埋这么多的兵马俑。秦始皇要在自己的皇陵之外，屯驻千军万马守护自己。这些兵马俑，就是他带往另一个世界的大秦铁军。

威风的兵俑与神骏的马俑

在经过多次挖掘后，考古工作者总共从这些陪葬坑里发现了近八千件陶俑，其中既有兵俑，也有马俑，还附带有战车、青铜兵器等。

兵俑总体上可分为军吏俑和士兵俑两大类。其中，军吏俑有高级（俗称“将军俑”）、中级和低级之分，反映了军队中的森严等级；士兵俑按照兵种，分为步兵、骑兵、车兵三大类。

高级军吏俑（秦始皇帝陵博物院藏）

在陪葬坑出土的陶俑中，级别最高的要数高级军吏俑，俗称“将军俑”。它们头戴双卷尾鹖（hé）冠，身穿双层长襦，身材魁梧，按剑肃立，神情威武，颇有指挥若定、成竹在胸的大将风范。

比将军俑身份低的，是中级和低级的军吏俑。它们有的头戴双版长冠或单版长冠，身披几种形式不同的铠甲，在前胸、后背和双肩处饰有八朵彩色花结。这种华丽与威严，显示出它们在军中的地位较高；有的着装朴素，但胸口仍有花结装饰，彰显自己的身份。军吏俑的身材虽不如将军俑魁梧，整体上仍然比较高大。他们神态肃穆、挺胸而立，显得特别勇武干练。

包括将军俑在内的军吏俑总体数量非常少，绝大多数兵俑实际上都是士兵俑；而在士兵俑中，数量最多的便是武士俑。

武士俑，也就是普通士兵俑。它们平均身高约 1.8 米，是这座地下军阵中的绝对主力。和军吏俑一样，武士俑中也分为穿铠甲的和穿战袍的两类。铠甲武士俑一般分布在军阵之中，是结成方阵后的中坚力量；战袍武士俑则往往部署在军阵的外围，灵活机动。武士俑大多手执青铜兵器，包括弓、弩、箭镞、铍、矛、戈、殳、剑、弯刀和钺等。

在武士俑中，有两种比较特别的，一种是立射武士俑，一种是跪射武士俑。本质上，它们都属于手持弓弩的远程作战部队，共同组成弩兵军阵。

跪射武士俑出土于兵马俑二号坑东端的弩兵阵中心，它们身穿战袍，外披铠甲，头顶右侧绾一发髻，脚蹬方口齐头翘尖履，左腿曲蹲，右膝着地，双手在身体右侧，一上一下作握弓弩待发状。跪射武士俑的塑造比起一般的陶俑更加精细，表情、神态、发髻、甲片、履底等细节无一不刻画得生动传神，甚至连鞋底的针脚也被真实地刻画出来，这种写实风格堪比陶俑界的油画。难能可贵的是，跪射武士俑在出土时保存得极其完整，在它身后的铠甲上还残留着红色的涂层，使我们得以窥见当年兵马俑身上彩绘的风采。

跪射武士俑（秦始皇帝陵博物院藏）

在弓弩军阵中，跪射武士俑作为铠甲武士俑，位于军阵的中央；而部署于军阵周边随时待命的战袍武士俑的角色，则交给了立射武士俑。这些立射武士俑身着轻便的战袍，束发挽髻，腰系革带，脚下同样蹬着方口翘尖履。它们手持弓弩的姿势，与史书上记载的如出一辙。

在秦始皇的地下军阵中，还包括骑兵俑。尽管这时的骑兵还并非像后世那样，是绝对的主力，但由于其快速灵便的特点，仍然用于战时奇袭。骑兵俑的装束短小轻巧，它们头戴圆形小帽，身穿紧袖的上衣和紧口连档长裤，脚上蹬着短靴。在它们身上，只有一件又短又小的铠甲作为防护。骑兵俑一手牵着马，一手持着弓，这种“短衣襟小打扮”完全符合它们行动敏捷、来去无踪的兵种特性。二号坑出土的骑兵俑是迄今为止我国发现的最早的骑兵形象实物，为我们研究当时的骑兵形象和装备，提供了极为重要的资料。

三大兵种里的最后一种是车兵，这种充满古典色彩的兵种对今天许多人来说都比较陌生，因为它们早早就退出了历史舞台。车兵由战马、战车、驭手和两名士兵组成。

我们所说的车兵俑，就是指那两名士兵。它们站在战车上，一左一右，分别为车左俑和车右俑。车左俑头戴巾帻，身穿长襦，外披铠甲，左手拿着戈、矛、戟等长兵器，右手扶着战车。车右俑与车左俑的装束完全相同，只是姿势正好相反。

驭手是战车的“司机”，有车兵俑的地方自然少不了驭手俑。它们同样头戴巾帻，身穿长襦，外披铠甲，手臂、手腕乃至手上都有护甲。驭手俑的手臂通常前举，表现出牵着辔绳驾驶战车的样子。

无论是骑兵俑还是车兵俑，它们都需要战马，因此就需要配备相应的马俑。根据功能不同，马俑也分为鞍马俑和车马俑。鞍马俑的个头不大，比如从二号坑出土的一具鞍马俑，通首高 1.72 米，至髻甲高 1.33 米。这些马俑头部较重，鼻骨高挺，颈部厚而短，髻甲低，胸部宽广，四肢健壮，是速度与力量均佳的宝马良驹。车马俑大小与鞍马俑差不多，身长约 2.10 米，通高 1.72 米。在每乘战车前，都有四匹车马俑。它们剪鬃缚尾，仰首长嘶，跃跃欲试，神骏非常。

另一个世界的军事方阵

秦始皇陵陪葬坑中的兵马俑，就像现实世界的军人一样，组成一个个军事方阵，威风凛凛，杀气腾腾。而三个陪葬坑，便是三个大型军阵。

一号坑在三个陪葬坑的最南端，东西长 230 米，宽 62 米，面积为 14260 平方米，是最早发现的陪葬坑。在一号坑的东端，排列着身着战袍的武士俑 210 件。在坑的中央，排列着 38 路战车和步兵的纵队，组成军队的主体。考古工作人员还在一号坑里首次发现了秦盾的遗迹，此外还出土了青铜长剑。根据目前已出土陶俑、陶马的排列密度推算，一号兵马俑坑内约埋藏着陶俑、陶马 6000 件，同时还有大量的青铜兵器。

二号坑位于一号坑的东端北侧 20 米处，东西长 124 米，宽 98 米，占地面积为 6000 平方米。根据目前已出土陶俑、陶马的排列密度推算，二号兵马俑坑内约埋藏着陶俑、陶马 1300 多件，战车 80 余辆，青铜兵器数万件。尽管二号坑兵马俑的数量不及一号坑，但内容更丰富，兵种更齐全，是三个兵马俑坑里最为壮观的军阵。在二号坑里，我们可以看到排列整齐的弓弩方阵、战车方阵、步兵方阵和骑兵方阵，首次展示了两千二百年前的古代骑兵、车兵和弓弩手的形象，对我国古代军事史的研究具有重大意义。

三号坑位于一号坑西端北侧 25 米处，与二号坑东西相对，面积只有 520 平方米，目前只出土了 72 件陶俑和陶马。别看在三座大坑里，三号坑的面积最小、出土的俑最少，可它的地位却是最高的。学者们普遍认为，这里是统帅一号坑和二号坑陶俑大军的“指挥部”，古时称为“军幕”。

秦朝灭亡后，项羽曾放火焚烧秦宫，秦始皇陵亦受到波及，不仅地面建

壮观的一号坑

筑全部化为灰烬，地下建筑也因此而发生坍塌。一号和二号陪葬坑，都留下了难以磨灭的焚烧痕迹。而作为军队“指挥部”的三号坑，却是三个大坑里唯一一个没有被大火焚烧过的，所以陶俑在出土时，身上的彩绘残存较多，色彩也比较鲜艳。

说到这里，同学们可能有个疑问。在最初的介绍里，明明说考古工作者发现了四座陪葬坑，可是说来说去，一直是在说前三座大坑，四号坑去哪儿了呢？原来，四号坑在挖掘后，人们发现里面并没有陶俑，只有回填的泥土，具体原因不明。学者们一般认为，这可能是因为在秦二世胡亥统治时期，由于变本加厉的暴政，激起了陈胜、吴广发动的农民起义。72万修建秦始皇陵墓的罪犯被临时拉去镇压起义，秦二世再无精力完成第四个大坑的兵马俑。因而，尽管第四个陪葬坑已经挖好，却最终只得将泥土填回，草草了事。

娴熟而复杂的工艺

如此众多的兵马俑，却不是简单的“复制粘贴”过程。它们非但在表情、装束、动作上没有千篇一律，反而各具特色、各不相同，从已整理出土的一千多个陶俑、陶马来看，竟然做到了几乎无一雷同。兵马俑的形象都来源于现实，军吏与士兵的装束不同，弓弩兵与骑兵的动作手势不同，甚至同一兵种、同样身份地位的两名士兵，它们的神情也不一样。

我们今天看到的兵马俑，往往可以用“灰头土脸”来形容。然而，当年刚刚制作完毕的兵马俑色彩非常鲜艳。陶俑的脸部、手部和脚部都涂上了粉红色，表现出人体肌肉的质感；白眼角、黑眼珠，甚至瞳孔这样的细节，工匠们都没有放过。陶俑的头发、眉毛、胡须都是黑色的，身上的铠甲、战袍也各有色彩，形成鲜明的对比，增强了艺术感染力。可惜的是，兵马俑在出土后被氧化，彩绘的颜色不到 10 秒钟就瞬间化作白灰，现在能看到的只有残留的彩绘痕迹了。

为了制造如此规模又活灵活现的兵马俑，工匠们可谓费尽心思，既要有娴熟的工艺技术，又要按照一套严密的工作系统来施工。

和所有陶器的制作一样，制作兵马俑的第一步是用陶泥塑造陶坯，只不过比一般的瓶瓶罐罐大得多。陶坯做好后，工匠们开始在上面精雕细琢。在这个过程中，身体、头部、手都是分别制作的。

陶俑的头部和手都有模子，用来批量制成粗胎，再做细部雕刻。细部雕刻可以说是兵马俑制作过程中最核心的部分，人物的表情、动作、神态乃至由此反映出的心理状态，全靠细部雕刻来体现。

等到雕刻完成后，工匠们才将它们组装在一起，完成一个大型陶俑的陶坯。陶坯晾干后，工匠便会将它们送入窑内，用 1000℃的温度焙烧。陶俑烧制完成后，工匠们开始上彩。

陶俑身上服饰的彩绘颜色非常丰富，包括粉绿、朱红、枣红、粉红、粉紫、天蓝、白色、赭石色等各种颜色，这些颜色均来自矿物质，后来都成为

出土时仍带着彩绘的兵马俑

中国传统绘画的主要颜料。

不过，工匠们在进行彩绘时，还有一个技术难题需要突破。由于陶俑没有上釉，表面会有很多细毛孔，非常粗糙，对于彩绘非常不利。为了解决这个问题，工匠们会在烧制前，先在陶俑表面均匀涂抹一层极为纤细的泥，以此来减少毛孔，提高陶俑表面的润滑度。此外，陶俑表面还涂有一层薄薄的胶质，用来防止彩绘脱落。

雕刻、烧制、彩绘的工序都相当复杂，手法也多种多样。而掌握这一套复杂技法的工匠，却是大秦王朝社会下层的一批陶工。

总而言之，秦始皇帝陵兵马俑生动而丰富地塑造了数千个有一定性格的人物形象，那浑厚、洗练的艺术风格，是我国古代塑造艺术臻于成熟的标志。1987 年，秦始皇陵及兵马俑坑被联合国教科文组织正式批准列入《世界遗产名录》，成为人类共同的宝藏。

"马踏飞燕"的前世今生 东汉铜奔马

【国宝档案】

名称：东汉铜奔马（又名"马踏飞燕"）

年代：东汉，25—220年

规格：高34.5厘米，长45厘米，宽13厘米，重7.3千克

材质：青铜

出土时间：1969年

出土地：位于今甘肃省武威市雷台汉墓

文物保护：2002年列入《首批禁止出国（境）展览文物目录》

收藏地：甘肃省博物馆

完美的青铜艺术品

铜奔马是原国家旅游局确定的中国旅游标志。这件青铜作品的形象可谓人尽皆知，可是流传至今家喻户晓的名字却不是"铜奔马"，而是"马踏飞燕"。其实，除了这两个名字，它还有一连串的名称：马踏龙雀、飞燕骝、紫燕骝、天马、马神天驷……大概从没有一件著名的文物，有如此多的名称。为什么好好的"马踏飞燕"就变成"铜奔马"了？为什么它会有这么多名字？究竟哪个名字是最合适的？

包子在这里暂时卖个关子，先来看看铜奔马的前世今生。

铜奔马由一匹奔腾的骏马和一个鸟形底座组成。骏马头部微向左偏，头上还有装饰物；双耳如削竹，两目圆睁，鼻孔奋张，并用墨线勾勒出须、唇、鼻、目、眉等处，一派昂首长嘶的气象。骏马的鬃毛较长，胸部开阔；躯干

东汉铜奔马

壮实，矫健精美；四肢修长，腿蹄轻捷；长尾飘举。一眼望去，便知道这是一匹在草原上飞驰的宝马良驹。

骏马的三足腾空，只有右后蹄“踏”在一只飞鸟身上（要表达的意向可能也是腾空）。飞鸟展翅飞翔、回首惊顾，方形尾上还有一处凹坑。

要设计制作出一匹宝马并不太困难，可如何让一个静止的物件表现出风驰电掣的急速感，让一匹神驹真的飞奔起来，就需要动一番脑筋了。铜奔马的制作者可谓匠心独运，运用现实主义与浪漫主义相结合的艺术手法，把骏马和飞鸟结合在一起。他大胆地让骏马的右后蹄在一只凌空飞翔的飞鸟之上，既表现出骏马超越飞鸟的速度，又表现出骏马腾空而跃、身轻如燕的飘逸。那飞鸟一惊之下，匆忙回首，更将骏马的飞驰与自在表现得淋漓尽致。在飞鸟的衬托之下，一匹静止的铜马竟然活灵活现地飞奔于世人面前。难怪郭沫若称赞铜奔马达到了“形神兼备、气韵生动、形妙而有壮气”的完美境界。

更令人称绝的是，在表现骏马飞驰这一主题的同时，马与鸟的结构又准确地遵循了力学原理。骏马三足腾空，全身的着力点都集中在超越飞鸟的右后足上。而飞鸟展翅翱翔，加上平铺的尾巴，与地面接触的面积大，正好形成一个稳固的底座，能够很好地支撑来自骏马右后足的重力。这样的设计既符合力学原理，又极具艺术性，铸造精美，构思巧妙，堪称我国古代青铜艺术品中的罕见杰作。

为了完成这样完美的设计，铜奔马在铸造时，采用了分范合铸的方法。也就是说，工匠先用翻范的方法，分别铸造出马身、马腿、马尾和蹄下飞鸟等部件，再将它们合铸，完成整体造型。另外，马腿内还夹有铁芯，用来增强支撑力和强度。这样的铸造工艺在当时非常先进。

腾空踏云，天马行空

我们今天看铜奔马，除了赞叹它的完美外，并不会觉得这件艺术品有多么突兀。可在考古学家眼中，它的出现极为特殊。著名考古学家李学勤认为：“武威出土的铜奔马，是一件非常特殊的青铜器，它既不是一个实用的器物，也不是一个专门为殉葬而制作的一种随葬品，它所象征的这种形象，就是大家说的天马，也就是‘汗血马’”。翻开汉代的典籍，无论《史记》还是《汉书》，对于汗血马都有不少的记载，汉武帝曾经赐名大宛汗血马为“天马”；《史记·大宛列传》中说：“大宛在汉的西面，约一万里，大宛产好马，马汗

难得一见的铜奔马奔放的正面

如血，是天马的后代。”

铜奔马竟然是传说中的汗血宝马！

西汉中期，汉武帝为了与匈奴作战，开辟了连通西域的丝绸之路，并从西域引入战马，加强军队中骑兵的力量。当他得知位于今中亚地区的大宛国出产宝马时，便想方设法购买良驹，甚至不惜发动对大宛的战争。最终，大宛迫于压力，给了汉王朝数十匹汗血马和几千匹良种马。随着西域好马的不断东来，武威成为重要的马匹繁育基地。这也就能解释铜奔马为什么会在武威出土了。

除了地域符合，铜奔马还有大宛良马独有的特点。如果你仔细观察，就会发现，铜奔马在飞奔时，同一侧的两条腿是同时向同一个方向腾起的。这种姿态称为“对侧步”，一般马匹奔跑时根本做不到。历史上能走出对侧步的高手，正是大宛马。

不过，也有人认为，铜奔马的肌肉厚实、身体粗壮，这些都不是大宛马的特点，反而是蒙古马的特征。因此，铜奔马的原型可能不是纯种的大宛汗血马，而是在汉武帝引进大宛马后，跟蒙古马杂交后，形成的具有独特风格的中国马，这种马同时兼有大宛马的急速与蒙古马的健壮。

铜奔马的形象并没有到此为止，数百年后又出现在壁画里。1977 年，人们在甘肃省酒泉市丁家闸的十六国时期的墓葬壁画中，发现了一幅彩绘的天马图。只见那匹天马红鬃赤尾，腾空飞跃，脚踏祥云，与铜奔马竟然惊人相似。我们今天看到的铜奔马是金属本色，其实在它刚刚出土时，考古工作人员在它的头部、背部、眼睛、口唇、牙齿等处，发现了明显的彩绘痕迹。也就是说，在两千年前，铜奔马身上曾绘有五彩缤纷的色彩和图案，只是因为年代太久，色彩随着青铜表面的锈蚀而逐渐脱落，使我们无缘再看到铜奔马昔日的风采了。也许，当年的铜奔马就像壁画里的天马一样，身上挥着飘逸的彩云纹，腾空踏云，天马行空。

举世震惊的“马踏飞燕”

和西北的许多文物一样，铜奔马也是一件在当地人的“挖土”活动中，无意间发现的国宝。

这次的“挖土”活动是挖掘防空洞。1969 年 9 月，甘肃武威新鲜公社新鲜大队十三生产队的社员蔡耀像往日一样，来到雷台挖防空洞。当他挖到9米多深的时候，突然挖到了一堵砖墙。出于好奇心，他和同伴们在墙上刨出一个洞口，一头钻了进去。在昏暗的煤油灯灯光的照耀下，蔡耀等人大吃一惊，发现到处是奇怪的车、马、小人儿。

后来，武威文化馆的工作人员党寿山听说了消息，也来到这里察看。根据工作经验，他马上判断出这是一座庞大的古代墓葬。1970年，古墓中的文物被运送到甘肃省博物馆收藏，其中就包括铜奔马。可这些文物并没有引起人们的关注。

直到1971年9月，距离雷台古墓的发现已经整整两年，历史学家郭沫若陪同外国友人参观了甘肃省博物馆。默默无闻的铜奔马竟然一下打动了见过无数文物的郭沫若。他惊叹于这件作品无可挑剔的形体姿态和完美的平衡感，发出了“天马行空，独来独往，就是拿到世界上去，都是一流的艺术珍品”的感慨。郭沫若还对在场的人说：“我到过很多国家，看到过很多马的雕像，那些雕像最古的也只有几百年，从未见过超过一千年的，而我们的祖先却在将近两千前就制造出这样生动绝妙的铜像，无论从艺术构思的巧妙、工艺技术水平的高超，还是从结构力学角度来说，都达到了前所未有的水平，是我们民族的骄傲！”

1973年，铜奔马以“马踏飞燕”之名在英法两国展出。为了一睹中国马的风采，大英博物馆门口排起了长龙。那些见过铜奔马的观众，把它称为“绝世珍宝”“天才的中国马”。

后来，英国人彼得·霍普科克在《丝绸之路上的外国魔鬼》一书中说：“虽然这种‘天马’现在早已绝种，但是它的形象在汉、唐雕刻家和艺术家的手下则并未磨灭。其中最精彩的摹拟品，是1969年在丝绸之路上曾经是汉武帝的京城西安附近，被中国考古学家所挖掘出来的闻名世界的青铜飞马。”从此，铜奔马以“马踏飞燕”之名震惊全世界。

不过，被全世界视为完美艺术品的铜奔马，其实有一点小瑕疵。刚出土时，铜奔马已经残缺不全，再加上储存、搬运不当等原因，损坏情况十分严重，它的颈部有数个 1 平方厘米大小的洞孔，马头和马尾巴的几缕鬃毛已经脱落，尾巴甚至断裂了。为此，甘肃省有关部门专门将铜奔马送到北京故宫博物院，交由著名青铜器修复专家赵振茂先生修复。靠着赵振茂的妙手，铜奔马才恢复了原貌，重现了两千年前的神采奕奕。

是“铜奔马”还是“马踏飞燕”？

讲到这里，我们终于可以回到开始提到的那些问题了。关于铜奔马的命名和马蹄下的飞鸟，长期以来一直有很多争论，铜奔马、青铜奔马、马踏飞燕、马踏龙雀、马超龙雀、飞燕骝、紫燕骝、天马、马神天驷都是它的名字。为什么会有这么多名字呢？我们不妨先把这 9 个名字的来龙去脉简单说一说。

先来看“铜奔马”和“青铜奔马”。这两个名字算是最简单朴素的了。这件艺术品是用青铜制成的，主角是一匹风驰电掣的骏马，故而叫“铜奔马”或“青铜奔马”。这是它最早的名字，虽然准确，却显得平平无奇。

再来看影响最大的“马踏飞燕”。由于郭沫若断定这是一件稀世珍宝，时任甘肃省博物馆临时负责人的王毅认为，仅仅叫“铜奔马”不足以表现这件艺术品的浪漫主义意境，于是便取名为“马踏飞燕”，表明奔马正在做凌空掠过燕背的飞驰。这个名字获得了郭沫若的认可，并很快在国内外流传开来。

可问题马上就来了，铜奔马脚下真的是一只飞燕吗？有人认为，那不是飞燕，而是龙雀，所以它又有了“马踏龙雀”之名。不过，又有人觉得那匹马是凌空而起，超越飞鸟；既然是超越，怎么能是踩在鸟身上呢？“踏”字不妥，于是稍做改动，又变成“马超龙雀”。

“马踏飞燕”也好，“马踏龙雀”也罢，浪漫是够浪漫了，但这些都是按照现代汉语命名的，于是又有人提出，它们缺乏韵味，配不上这件稀世珍宝，便按照汉代语言的特点，为这件艺术品取名“飞燕骝”或“紫燕骝”。用飞行迅速的燕子来比喻良马宝驹，这还真是我国古人的习俗。比如南朝的沈约便有“紫燕光陆离”的诗句，梁简文帝也赋诗云“紫燕跃武，赤兔越空”。这里的“紫燕”就是代指良马。甚至传说汉文帝真的有一匹叫“飞燕骝”的宝马。

按照这个雅致的路子，给铜奔马取名字的人越来越多。比如有人根据东汉张衡《东京赋》中“铜雀蟠蜿，天马半汉”的句子，建议将铜奔马改名为“天马”；还有人直接将天上二十八星宿之东方苍龙七宿中的第四位星“天驷”的名字拿来，称铜奔马为“马神天驷”。总而言之，铜奔马的名字越来越神，争议越来越大，迄今为止始终还没有一个公认的结论。

只不过，这样的争论似乎与铜奔马本身越来越远。按照国家文物局关于藏品定名的统一标准，铜奔马在国家文物局、甘肃省博物馆的登记名称一直都是“铜奔马”，已经使用了近五十年，并为国际国内认可和接受。而备受争议的“马踏飞燕”，其实也早已深入人心，成为人们对这件青铜艺术品最广泛的称呼。

其实，只要不影响交流，一般的大众大可根据自己的喜好去称呼铜奔马。无论采用哪个名称，铜奔马始终是“中国古代艺术作品的高峰”，始终是古老的中华文明享誉世界的一种有力象征。

肆 从天竺到中华 云冈石窟佛像

【国宝档案】

名称：云冈石窟佛像

年代：北魏，魏文成帝兴安二年（453 年）至魏孝明帝正光四年（523 年）

规格：现存大小窟龛 252 个，造像 51000 余尊，最大的造像高 17 米

材质：砂石

出土地点：山西省大同市武周山南麓

收藏地：云冈石窟

云冈石窟佛像

公元 5 世纪中国石刻艺术之冠

说起我国古代的雕塑艺术，就离不开四大石窟。魏晋南北朝时期，随着佛教的传入，甘肃敦煌莫高窟、甘肃天水麦积山石窟、山西大同云冈石窟与河南洛阳龙门石窟开始陆续兴建，大量的佛像开始盛行。也正是在这样的背景下，我国雕塑艺术空前繁荣。

云冈石窟位于今山西省大同市以西 16 千米处的武周山南麓，武州川北岸，依山而凿，东西绵延约 1000 米。现存大小窟龛 252 个，造像 51000 余尊，气势宏伟，内容丰富，展现了公元 5—6 世纪我国杰出的佛教石窟艺术成就，素有“公元 5 世纪中国石刻艺术之冠”“中国古代雕刻艺术宝库”的美誉。2001 年 12 月 14 日，云冈石窟被联合国教科文组织列入《世界遗产名录》。

北魏兴安二年（453 年），云冈石窟开始修建。最初建议北魏皇帝开凿云冈石窟的是北魏的沙门统（最高僧官，管理全国僧众）昙曜。那时，佛教在北魏盛极一时，第五任皇帝文成帝拓跋濬对佛教尤其推崇。昙曜便向文成帝建议，在北魏都城平城（今山西省大同市）郊外的武周山开凿五个大石窟，每个石窟都雕刻一尊大佛，象征着北魏开国以来自道武帝至文成帝这五位皇帝。文成帝很快批准了昙曜的建议。从此，长达七十年的云冈石窟凿窟造像活动开始了。

按照开凿时间，云冈石窟可分为早、中、晚三期，不同时期的石窟造像风格迥异不同。

早期石窟便是昙曜主持开凿的“昙曜五窟”，气势磅礴，具有明显的西域风格；中期石窟由献文帝、孝文帝、冯太后主持开凿，精雕细琢、富丽堂皇、复杂多变，这是云冈石窟的鼎盛时期。

太和十八年（494 年），孝文帝迁都洛阳，皇室不再直接经营云冈石窟，石窟开凿进入晚期。可即便如此，云冈石窟的锤钎之声仍不绝于耳，民间开凿石窟和雕刻造像的热情丝毫未有减退。这一时期，造像的风格明显更加世俗化和中国化。正光四年（523 年），六镇起义爆发，云冈石窟的开凿才最终停止。

昙曜五窟

“昙曜五窟”是云冈石窟最负盛名的窟龛之一，是中国石窟艺术第一个巅峰时期的经典杰作。

“昙曜五窟”是云冈开凿最早、气魄最宏大的窟群。五座大佛分别以北魏开国以来的皇帝道武帝、明元帝、太武帝、景穆帝（为文成帝追尊）和文成帝为原型雕刻，洞窟外壁雕满了大大小小的佛像，洞窟内则模拟椭圆形的草庐，非常宽敞，不过造像占去了大部分的面积。

昙曜五窟中，最大的一座要数第十九窟。据推测，这座洞窟里的主尊造像是以北魏开国皇帝道武帝拓跋珪为原型塑造的。主尊高约 17 米，高肉髻，素面，面相丰圆，下颌部分已崩塌；右手举于胸前，五指伸展，左手则持衣角放在腹前。窟内还有一尊立佛，立佛膝盖下有一个小孩儿，佛正抚摸着小孩的头。

同属昙曜五窟之一的第二十窟露天大佛，被称为云冈石刻的象征。这尊造像高 13.7 米，胸部以上因石质坚硬而保存完好。造像硕大古朴，面形丰圆，神情肃穆。在造像身后，雕刻着大焰纹、坐佛、飞天等各种华美的浮雕，将主尊衬托得更加雄浑刚健。

昙曜之所以要以五位皇帝为原型，开凿这五座石窟，雕刻这五尊造像，显然是在向世人宣告，北魏的皇帝就是佛的化身，君权神授，不可动摇；而在大佛周围雕刻的那些大小不等、簇拥大佛的佛像，则象征着群臣；石窟中还有一些矮小人像，象征的是民众和奴隶。在石窟顶部，还刻有手执乐器、凌空飞舞的飞天。在这些巨型浮雕的衬托下，五尊大佛更加庄严雄伟。

尽管昙曜五窟隐藏着北魏统治者的政治意图，但并不影响石窟自身的艺术成就。依山开凿的佛像大者可与山比高，小者仅有几厘米。佛像的表情、姿态千变万化，有的庄严，有的魁伟，有的清秀，有的安详。造像的神态、动作、服饰既细腻精致，又大气磅礴，表现出工匠们娴熟精湛的雕凿技法和超凡脱俗的胆量气魄。

“云冈大佛”

仅凭昙曜五窟，云冈石窟就足以使人叹为观止。不过，昙曜五窟仅仅拉开了石窟的序幕。更使人拍案叫绝的，是中期的云冈石窟。这其中，又以第五窟和第六窟最蔚为壮观。

云冈石窟第五窟大佛

第五窟和第六窟是一组双窟，在明代时被称为“云冈摩云”，是当时的“云中八景”之一（“云中”是大同的古称）。当你走向这组石窟时，远远就能望见窟前的一座四层木构楼阁，这是顺治八年（1651 年）宣大总督佟养量主持修建的，楼阁依山岩而建，非常壮观。

石窟之内，北壁盘膝端坐着一尊大佛，高达 17 米，占据了整个洞窟后室近三分之二的空间，是云冈石窟中最高大的佛像。民间口耳相传的“云冈大佛”，指的就是这尊佛像。

仔细观察，不难发现大佛的一些特别之处。比如佛像的耳朵一直垂到肩膀，这是我国佛教典籍中对佛陀的传统表现手法之一。佛像的额头极宽，鼻子很高，眼睛很大，嘴唇却很薄，这些特征只有印度的佛像才有。其实，北魏时期的佛教还有许多印度、西域特色，但在传播中已经逐渐加入中国本土元素。像云冈大佛这样既有双耳垂肩，又有西域特色的造像，正是当时中西文化交融的真实反映。

总体来说，“云冈大佛”形象俊美，神态宁静，雕刻手法简约到极致，从布局的考究到雕刻刀法的细腻传神，均达到了一个前所未有的高度，不失大家风范。这种神韵背后，体现的是孝文帝元宏主政时期，北魏王朝的政通人和、民风淳朴。据学者推测，“云冈大佛”是孝文帝为自己的父亲献文帝拓跋弘修建的。

“美美与共”

云冈石窟之所以取得如此巨大的艺术成就，与多元化的文化交融息息相关。在云冈石窟的造像中，我们既看到了鲜卑民族的雄健，又看到了汉民族的祥和；既看到了东方文化的含蓄，又看到了西方文化的写实；既看到了官方文化的肃穆，又看到了民间文化的亲和。

北魏是鲜卑拓跋氏建立的政权。作为来自东北丛林、驰骋蒙古草原的游牧民族，鲜卑族拥有质朴、刚健、开拓的精神。南北朝时期，北方游牧民族受西域文化影响较大，所以在云冈石窟早期的造像中，能够感受到浓浓的“胡风”。

昙曜五窟中的大佛，往往身躯挺拔，健硕刚毅，魁梧厚实，气韵盎然；面部挺拔立体，鼻梁高耸，眼睛狭长，留着八字胡须。这是典型的西域男子形象，体现出游牧民族的彪悍与强大，展现了他们雄强尚武的艺术特征。

随着北魏王朝在中原统治的日渐稳固，以及孝文帝积极推行汉化改革，越来越多的汉民族元素被吸纳到石窟造像之中。尽管这时的造像依然体格宽厚、高鼻挺耸，但它们的面容要比昙曜五窟时期更加的圆润、祥和，这已经是汉人女性的特色了。渐渐地，造像中所蕴含的游牧民族那独有的雄壮与挺拔的精神样貌，开始被汉人清瘦、俊雅的形象所取代。

与此同时，许多来自西方的文化元素也开始出现在云冈石窟里。在第十二窟拱门的顶部，有两条龙盘旋交错的交龙，这是中国标志性的传统纹样。可就在龙身和画面的底部，却延伸出源于古希腊的忍冬纹。又比如云冈石窟的许多立柱，采用的是来自欧洲的罗马式立柱、爱奥尼克式立柱或多立克式立柱。尽管这些立柱做了本土化的处理，但仍难掩异域风情。

在云冈石窟开凿的早期和中期，皇室曾是经营石窟的主力军。可是随着孝文帝迁都洛阳以及龙门石窟的开凿，云冈石窟的官方色彩日益减弱，民间开凿的石窟渐渐成为主流。这些由家族或个人出资开凿的石窟，无论从体量上还是艺术性上，都难以与早期和中期的石窟相媲美，但在这些零零散散如繁星般的民间石窟的背后，反映出的是当时民众的虔诚与热情。

总而言之，云冈石窟的美，不仅仅源于娴熟的工艺和皇室的支持，更来自多元与融合。它反映出北魏时期我国北方多民族的融合，反映出丝绸之路带来的东西方文化的融合，反映出官方与民间不同文化的融合。这种融合背后，是对多元文化的尊重，是“美美与共”的开放精神，正是这种伟大的精神，造就了云冈石窟这片极为珍贵的历史文物。

伍

盛唐气象
唐代昭陵六骏石刻

【国宝档案】

名称：唐代昭陵六骏石刻

年代：唐代，唐太宗贞观十年（636 年）以后

规格：每件宽约 204 厘米，高约 172 厘米，厚约 40 厘米

材质：青石

出土地：位于今陕西省咸阳市礼泉县九嵕山昭陵

文物保护：2013 年列入《第三批禁止出境展览文物目录》

收藏地：西安碑林博物馆（特勒骠、青骓、什伐赤、白蹄乌），美国宾夕法尼亚大学考古学与人类学博物馆（飒露紫、拳毛騧）

唐代昭陵六骏石刻之青骓

唐代昭陵六骏石刻之什伐赤

四位唐代“大咖”联手打造的石刻珍品

帝王陵墓前的大型石雕，也是我国古代雕塑的重要组成部分。别小看这些看似普通的石头，它们凭借自己精致完美、气魄宏大的艺术感染力，将我国古代雕塑艺术推向了高峰。其中的佼佼者，非唐代的“昭陵六骏”石刻莫属。

唐代昭陵的墓主，是中国历史上最负盛名的一代名君——唐太宗李世民，以及皇后长孙氏。昭陵位于今陕西省咸阳市礼泉县九嵕（zōng）山之上，从贞观十年（636 年）长孙皇后安葬，到开元二十九年（741 年）陵园最终建成，昭陵整整修了一百零七年，在地上地下遗存了大量文物。

昭陵六骏是唐太宗为纪念自己的战功，在陵前摹刻的其生前征战骑用的六匹战马的浮雕。隋唐之际，唐太宗曾南征北战，驰骋疆场，纵横千里，与战马结下了深厚的情谊。据说，贞观十年（636 年）十一月太宗为自己营建陵寝时，想到了自己的六匹战马，便决定用青石雕刻出它们的形象，以彰显自己的战功。因为这六匹战马“守卫”着昭陵，故后世称它们为“昭陵六骏”。

相传，唐太宗曾命当时最著名的画家、《历代帝王图》的作者、大明宫的总设计师阎立本亲自为“六骏”画出形象，又令阎立本的哥哥、杰出的工艺美术家阎立德率领优秀的刻工精心雕刻出六骏石刻。

“六骏”的名字分别为特勒骠（tè lè biāo，一作“特勤骠”）、青骓（qīng zhuī）、什伐赤（shí fá chì）、飒露紫（sà lù zǐ）、拳毛騧（quán máo guā）和白蹄乌。在每屏石刻上方的一角，本来还刻有唐太宗亲自题写、著名书法家欧阳询书丹的赞语，以展现六骏的雄姿。可惜，由于年久风化，这些赞语早已不见踪迹。我们只能根据史书记载来了解唐太宗亲题的赞语，具体如下：

特勒骠：应策腾空，承声半汉；天险摧敌，乘危济难。
青　骓：足轻电影，神发天机；策兹飞练，定我戎衣。
什伐赤：瀍涧未静，斧钺申威；朱汗骋足，青旌凯归。
飒露紫：紫燕超跃，骨腾神骏；气訾三川，威凌八阵。
拳毛騧：月精按辔，天驷横行。孤矢载戢，氛埃廓清。
白蹄乌：倚天长剑，追风骏足；耸辔平陇，回鞍定蜀。

昭陵六骏的赫赫战功

应该说，仅凭唐太宗李世民、阎立本、阎立德、欧阳询四个人的名字，就足以让昭陵六骏石刻名垂青史，而六骏的英勇战绩又为石刻增添了耀眼的光辉。

特勒骠为东面第一骏，是一匹毛色黄里透白、嘴角微黑的宝马，故而称为“骠”。“特勒”是突厥语，为突厥族的一种官职名称。因而，有人认为特勒骠可能是一位担任特勒的突厥人赠送给唐太宗的。

隋末唐初，天下大乱，当时还是秦王的李世民经常率兵讨伐割据一方的势力。武德二年（619 年），李世民征讨割据今山西一带的宋金刚，所骑的正是特勒骠。石刻中的特勒骠双耳高耸，目光炯炯有神，表现得很是机警；可它偏偏又是一副舒适安详的散步形态，一副临危不惧的大将风度。值得一提的是，石刻中的特勒骠左侧两腿抬起、右侧两腿着地，迈出了只有神驹宝马擅长的“对侧步”，表明这匹神骏实在不容小觑。

唐代昭陵六骏石刻之特勒骠

东面第二骏青骓、第三骏什伐赤和西面第一骏飒露紫，都是李世民征战洛阳虎牢关时的坐骑。在那场大战里，李世民擒杀窦建德、攻破王世充，消灭了唐朝一统天下最大的敌人，这三匹宝骏的功勋可想而知。

石刻中，青骓和什伐赤驰骋飞奔，四蹄横成一线，鬃尾迎风翻飞，身中五箭而不减其勇。飒露紫这匹以紫色毛色命名的宝马，则正在一位名叫丘行恭的大将身前，由丘行恭为它拔出射入胸部的箭镞。丘行恭胡须上卷，英俊魁梧，头戴兜鍪，身披战袍，一副铮铮铁骨。

西面第二骏拳毛騧，是一匹卷毛黑嘴黄马，是李世民平定刘黑闼时的坐骑。石刻上的拳毛騧前中六箭、背中三箭，足见这场战斗之惨烈。

最后一匹骏马白蹄乌周身乌黑，只有四蹄洁白无瑕，故此得名。石刻中的白蹄乌强健神勇，正怒目前方，昂首长嘶，四蹄腾空，毫无畏惧地在战场上奔驰。

以形写神

昭陵六骏石刻原本在陵园最北端的玄武门东、西的庑廊里对称排列，整体上呈阶梯状，由北向南逐渐升高，马头统一面朝向南方的祭坛。六骏的尺寸基本大小一致，每块石刻宽约 204 厘米，高约 172 厘米，厚约 40 厘米。

昭陵石刻采用了高浮雕手法，线条流畅，刀法圆润，刻工精细，栩栩如生。在每块石头四周，事先预留下凸起状的石边框，六匹健硕有力、形态各异的骏马取侧面像，雕刻在石边框之内。六骏石刻的边框、距离、位置都有着整齐的规划，使得它们彼此之间形成了一种类似于纪念碑式的效果，与昭陵的肃穆相得益彰。

在中国古代艺术中，无论绘画还是雕刻，都追求一种“以形写神”的审美情趣。这既不同于西方油画的写实，也不同于印象派的缥缈。在“以形写神”的前提下，外在形态的真实度变得毫无意义，具有永恒生命力的是深藏

唐代昭陵六骏石刻之白蹄乌

于形体之内的神韵。昭陵六骏的设计就体现了这种简约却不失神韵的“以形写神”。在六匹神骏中，有三匹直立，另三匹正在扬蹄奔驰。尽管勾画六匹神骏的线条非常简洁，却能够做到造型准确、生动传神地表现出它们在战场上身冒箭矢、纵横捭阖的壮烈场景。

石刻背后的政治安排与盛唐雄风

联想到昭陵六骏的赫赫战功，昭陵六骏石刻像极了战马界的“凌烟阁

唐代昭陵六骏石刻之拳毛騧

二十四功臣像”。唐太宗晚年，为了纪念一起平定天下、治理国家的功臣，曾命阎立本在凌烟阁描绘出24位功臣的画像，长孙无忌、杜如晦、魏徵、房玄龄、尉迟恭、李靖、程咬金、秦琼等耳熟能详的人物都名列其中。

就像“凌烟阁二十四功臣像”传达出皇帝树立忠君榜样的政治意向一样，昭陵六骏石刻的作用也绝非仅仅是为了纪念六匹战马。六匹战马背后，是李世民的武功，是大唐王朝的盛世雄风。通过六匹石马，唐太宗不仅夸耀了自己的功绩，更将自己塑造成一位开国“明君”，以此淡化父亲唐高祖李渊、兄长李建成在唐朝开国中的努力，淡化了自己玄武门之变的逼宫之举。

当然，这种政治性的安排丝毫不能抹杀昭陵六骏石刻的审美价值。昭陵六骏石刻体现的是唐朝开阔的规模和自信的文化底蕴。昭陵六骏石刻之所以至今仍为人们所仰慕，并非因为唐太宗李世民的明君形象，而是隐藏在六骏背后那令人仰望的盛唐雄风。

盗卖风波

可惜的是，如此珍贵的昭陵六骏石刻，至今有一部分流落海外。

1914 年，法国人戈兰兹将飒露紫和拳毛騧剥离开来准备偷运，幸而被当地农民发现，就此罢手。

然而，飒露紫和拳毛騧仍难逃厄运，很快被美国人毕士博盯上。相传，毕士博曾重金收买了北京琉璃厂遵古斋老板黄鹤舫（一作赵鹤舫），并通过他结识了袁世凯的次子袁克文，据说两人还拜了把子。通过袁克文，毕士博取得了袁府运送物品的专用封条。

一天，黄鹤舫拿着袁克文写的一封密信来到西安，找到袁世凯的亲信、陕西督军陆建章。信中说，袁世凯要修花园，需要把昭陵六骏石刻运到园中做装饰。陆建章觉得都拿走会惹麻烦，便挑选了六骏中最好的飒露紫和拳毛騧，将它们打断成数块后装箱，然后派军队护送运到北京，实际上则是交给毕士博。两个月后，飒露紫和拳毛騧又莫名其妙地落到古董商卢芹斋手里。最后，卢芹斋以 12.5 万美元（一说 24 万银圆）的价格，将之盗卖给了美国，两骏珍宝就此离开祖国，被盗运到美国，现收藏在美国费城宾夕法尼亚大学考古学与人类学博物馆。

除了飒露紫和拳毛騧，其他四骏也险些惨遭盗运。1918 年，毕士博旧计重施，准备盗走另外四骏石刻。当时，他已经打碎四骏，装箱运走。幸好在运输途中被陕西民众发现并拦截。另有一种说法，毕士博这次是在渭水上用竹筏运载，结果被西安政府的骑兵队追至潼关截获。总而言之，不管是谁出手拦截，四骏虽已遍体鳞伤，终究逃过一劫，后被运到陕西图书馆保存。

唐代昭陵六骏石刻之飒露紫（美国宾夕法尼亚大学考古学与人类学博物馆藏）

1953 年，陕西省博物馆（今西安碑林博物馆）成立之际，接收了这四件石刻，后又对它们进行拼合修复。1961 年，石刻师谢大德根据照片和拓片复制出了飒露紫和拳毛騧。2010 年，我国专家受美方邀请，到美国修复了真正的飒露紫和拳毛騧。尽管二骏仍在海外，六骏聚首遥遥无期，但作为文物的昭陵六骏，终于摆脱了粉身碎骨的折磨，以修复后的石刻形象与世人相见了。

第七章

疆理重海，通达天下：文化交流中的国宝之美

导·语

当我们面对一件文物时，它可能安静地陈列在博物馆里，也可能只是电脑与手机里的一张图片。然而，许多文物身上都流淌着不同文明的血液，蕴藏着不同文化的精华。

沙漠丝绸之路、海上丝绸之路、草原丝绸之路……在这一条又一条连通中国与世界的商道上，各个文明的精神世界在一件件文物的承载下，遨游四方。东方的青花、草原的马镫、中亚的宝石、印度的造像、波斯的金珠、罗马的玻璃、希腊的神话……一件件顶级艺术珍品不断交融碰撞，又产生出融汇各种风格的新式器物。

文物不是静止的，而是始终变化着。它们是东西方世界开放胸襟与包容心态的见证者，是东西方文化交流的使者。

壹

草原丝路上的古罗马玻璃器
北燕鸭形玻璃注

【国宝档案】

名称：北燕鸭形玻璃注

年代：十六国·北燕，407—436 年

规格：长 20.5 厘米，腹径 5.2 厘米，重 70 克

材质：玻璃

出土时间：1965 年

出土地：位于今辽宁省北票市西官营子北燕冯素弗墓

文物保护：2002 年列入《首批禁止出国（境）展览文物目录》

收藏地：辽宁省博物馆

不简单的“小鸭子”

魏晋南北朝时期，常年的战乱导致我们熟知的那条丝绸之路严重受阻。然而，中西方的文化、经济交流并没有中断。因为在辽阔的蒙古大草原上，一条草原丝绸之路正在发挥越来越重要的作用。这件从十六国时期北燕冯素弗墓出土、由遥远的罗马帝国来到中国的鸭形玻璃注，就是草原丝绸之路上中西方文化最好的见证者。

这已经是我们第二次关注从冯素弗墓中出土的文物了。作为北燕重臣的冯素弗，其墓葬中的陪葬品丰富异常、制作精美。墓葬共出土了近500件精美的随葬器物，其中有5件玻璃器尤其引人注目。这些玻璃器晶莹剔透、色彩艳丽，最引起大家好奇心的，便是这件鸭形玻璃注。

从外形上看，这是一只半透明的小鸭子，用淡绿色的玻璃制成，由于年代久远，已经有了一点点银绿色的锈迹。鸭子的身体横长，上端口就像是一张张大的鸭嘴。它有长长的脖子、鼓鼓的肚子，身后还拖着一条细长的尾巴，尾尖稍稍有些残破。

在鸭子脖颈的一周，装饰着锯齿形的纹带，看起来就像是脖子上长了一圈羽毛。在鸭子的背上，用玻璃条粘着一对三角形的翅膀；肚子下方的两侧，也各粘着一段波浪状的折线纹，象征着鸭子的两只脚。

在鸭子的肚子下面，还粘着一片圆饼状的玻璃，作为这件鸭形玻璃注的支点。不过，轻飘飘的玻璃注重心靠前，摆在桌上根本放不稳。奇怪，难道是工匠们将玻璃圆饼放错了位置？当然不是，其中的秘密就在于鸭形玻璃注平时要装水，当肚子里装上一半水时，玻璃注的重心后移，自然就放平稳了。如果玻璃注在空着的时候就能放平稳，那装上水就要“翻跟头”了。可见，这样的设计不但不是工匠的错误，反而体现了他们的精致与准确。

我们都知道，玻璃制品易碎。可这件鸭形玻璃注在地下长埋1600年后，居然保存得如此完整，这不能不说是一个奇迹。更何况，鸭形玻璃注造型生动别致，烧造技术先进，堪称我国早期玻璃器中的精品。这只“小鸭子”着实不简单。

来自罗马帝国的玻璃吹制工艺

玻璃是我们日常生活中常见的材料之一，大多数人都觉得这不过是廉价的普通材料。然而在古代，无论是东方还是西方，玻璃制品却非常昂贵，只有贵族才能使用。

距今四五千年前，玻璃最早出现在古埃及和两河流域文明中，最初的玻璃制品都是一枚枚小巧的玻璃珠。到了春秋末战国初，我国也有了自己制造的玻璃。有人说玻璃是中国人发明的，也有人认为这是从西亚经过中亚的游牧民族传入中国的。

曾侯乙墓出土的战国蜻蜓眼玻璃珠（湖北省博物馆藏）

无论如何，到了战国中晚期，中国已经能够独立制造外观与西亚相似、成分却完全不同的玻璃珠，以及镶嵌在剑格上的小块玻璃。不过，中国玻璃的主要成分是铅和钡，烧成的温度较低。这种玻璃虽然绚丽多彩、晶莹璀璨，但是易碎、不耐高温、透明度差，且不适应骤冷骤热，因此只适合加工成各种装饰品、礼品和随葬品。

而鸭形玻璃注的成分却不是铅、钡。根据中科院金属研究所电子探针检测的报告，鸭形玻璃注使用的是钠钙玻璃。这种玻璃不产于中国，而来自欧亚大陆的另一端——罗马帝国。

不仅如此，以鸭形玻璃注为代表的五件玻璃器，它们有着共同特征——用玻璃条、玻璃丝盘卷做出装饰。这绝非中国当时的玻璃制造工艺所能制作，反而是古罗马吹制工艺的典型特征。

玻璃吹制工艺，又叫热装饰工艺。使用这种工艺制造玻璃器时，工匠先用吹管蘸取适量的玻璃液，吹出梨形的玻璃泡。然后，由他的助手将铁杆粘在玻璃泡的底部，拉出细长的尾部后再剪断。这时，工匠便拿着吹管，不断转动玻璃器；助手则继续拉出玻璃条和玻璃丝，缠绕或者粘在玻璃器上形成装饰物。紧接着，工匠和助手对器口做进一步加工。最后剪口，使玻璃器彻底脱离吹管，烧制成形。整个制作过程中，工匠和助手都要在炉子前工作，凭借自己高超的工艺水平，才能制造出像鸭形玻璃注这样复杂的玻璃器。正因玻璃是由人工制造，玻璃器又需要极高的工艺水平才能制造出来，因而玻璃一直是可与黄金、宝石比肩的奢侈品，只有少数上层显贵才能享用。

玻璃吹制工艺最初诞生于公元前 1 世纪罗马帝国的地中海东岸，后迅速传遍整个罗马帝国。直到公元 5 世纪的北魏时期，这种工艺才经由中亚工匠传入我国。当时传入的工艺还很粗糙，玻璃器质量也不精致，根本无法与鸭形玻璃注相媲美。可以断定，以鸭形玻璃注为代表的五件珍贵玻璃器都不是我国产的，而是来自遥远的罗马帝国。

公元 2 世纪的进口“藏宝盒”

一件玻璃“小鸭子”不远万里来到中国，成为一代重臣的陪葬品。那么入葬之前，这只鸭子是用来做什么的呢？总不能是冯素弗专门从罗马帝国定制的陪葬物吧？

在通信、交通都受到技术限制的古代，冯素弗当然不可能去找罗马的玻

公元 1 世纪罗马帝国出产的玻璃瓶

璃工匠定制一件鸭形玻璃注。要了解鸭形玻璃注本来的用途，还得回到其原产地——罗马帝国。

公元 1 世纪，罗马帝国所在的地中海地区曾流行使用一种鸟形玻璃器。19 世纪时，人们一度以为这种鸟形玻璃器是用来装酒的。可后来的考古发掘证实，所有这类鸟形玻璃器的尾部都被人为打碎了，且从来没有出土过鸟形玻璃器的口部。人们这才发现，罗马人曾将化妆品、葡萄酒、玫瑰精油等珍贵物品藏在鸟形玻璃器里，再通过烤火将玻璃器的尾部封住。需要用到里面的物品时，就将尾部打碎，这样就能将物品倒出来使用了。这种密封方式，还真是奢侈啊！

冯素弗墓出土的这件鸭形玻璃注长得很像公元 1 世纪的鸟形玻璃器，不过有一点不同，它有长长的口部。原来，随着时间的推移，到了公元 2 世纪初，罗马人的鸟形玻璃器开始有了口部，并逐渐替代了原来那种全封闭的玻璃器。鸭形玻璃注应该就是公元 2 世纪的器物。

草原丝绸之路的见证者

提起“丝绸之路”，大家想到的往往是“沙漠丝绸之路”和“海上丝绸之路”。

西汉建元二年（前 139 年），汉武帝派张骞出使西域，自此逐渐开通了由西汉首都长安（今陕西省西安市）经河西走廊、塔克拉玛干沙漠至中亚、西亚的商道，这就是举世闻名的丝绸之路。因为途径沙漠，因而也被一些人称为“沙漠丝绸之路”。

与此同时，还有一条穿越南中国海和印度洋的海上商路，史称“海上丝绸之路”。东汉延熹九年（166 年），就曾有罗马帝国的商人从海上来到中国，自称是罗马的使臣，觐见了汉桓帝。

不过，早在这两条丝绸之路开通以前，古希腊已经称中国为赛里斯

（Seres），也就是“丝绸之国”。那时的欧洲是如何了解中国的呢?

在大量的考古研究后发现，早在两条主流丝绸之路开辟以前，还存在着一条更加古老却鲜为人知的东西方经济文化交流道路——贯穿欧亚大草原的草原丝绸之路。活跃在大草原上的游牧民族，成为东西方文化交流、技术传播的信使。

经过长年的经营发展，到了公元4—6世纪的十六国——北朝时期，草原丝绸之路已经相当繁荣。在当时的东亚，草原丝绸之路以北魏的都城平城（今山西省大同市）为中心，西经伊吾（今新疆维吾尔自治区哈密市）而连通中亚，东接辽东（今辽宁省辽阳市）而远达朝鲜、日本，成为一条贯通中国北方，连接西亚、中亚与东北亚的国家交通线。东罗马帝国的金币、西亚的金银器，都通过这条道路来到了遥远的东方。

冯素弗墓所在的北燕都城龙城（今辽宁省朝阳市）就位于草原丝绸之路的东段。那时的北燕，北与草原上的游牧民族柔然人联姻，东与高句丽争雄，以鸭形玻璃注为代表的罗马玻璃器就是在这样的背景下，由西亚、中亚的游牧民族带入柔然，又由柔然人带入北燕。而北燕也远非这些玻璃器的终点，在朝鲜半岛和日本，同样有类似的玻璃器出土。

如今，昔日的喧嚣虽已成过往，鸭形玻璃注却仍然是东西方文化相互交流、互鉴共存的伟大见证者。

贰 中国墓葬中的古希腊神话 北周鎏金银壶

【国宝档案】

名称：北周鎏金银壶

年代：北周，557—581 年

规格：通高 37.5 厘米，最大腹径 12.8 厘米，重 1.5 千克

材质：银质，外表鎏金

出土时间：1983 年

出土地：位于今宁夏回族自治区固原市原州区南郊乡深沟村李贤夫妇合葬墓

收藏地：宁夏固原博物馆

中亚人制造的波斯风酒具

20 世纪 80 年代初，在宁夏固原县城南郊一带的农田里，矗立着十余座封土堆。经过调查，考古工作者推断这里藏着一座带有壁画的大型贵族墓。不过，由于墓葬久经风雨，且被盗掘多次，已经坍塌严重。1983 年 9 月，考古工作者对墓葬进行了抢救性挖掘，最终通过墓志记载确认墓主人是北周的骠骑大将军李贤和其妻吴辉。

由于墓室内盗掘严重，考古工作者本以为珍贵文物早已被洗劫一空。没想到，墓室西北角因早年塌方，掩埋了不少文物，不少珍宝因祸得福。最终，从这座古墓里，出土了金、银、铜、铁、陶、玉等各种质地的随葬品 700 多件，其中包括极为珍贵的鎏金银壶、玻璃碗、金戒指、漆棺画和陶俑等。

鎏金银壶一经出土，就引起国内外广大考古学家、艺术家、历史学家的注意，因为在这样一件精美绝伦的金银器上，竟然满是波斯风情的工艺，还

北周鎏金银壶，壶身上是第三组图案

北周鎏金银壶壶柄上的胡人形象

绘有古希腊的神话故事。“中国出土+波斯器物+希腊故事”的组合，使鎏金银壶成为一个文物传奇。

鎏金银壶通高 37.5 厘米，瓶口呈鸭嘴形，瓶颈和上腹细长，下腹圆鼓，最大腹径为 12.8 厘米，形态有些类似玉壶春瓶。瓶身之侧有一个环形的壶把，上面铸成一个头戴贴发软冠、高鼻深目的胡人人头形象。底部为喇叭形的高圈足座，高 8 厘米。

在鎏金银壶的下腹部，有一周用细线雕出的水波纹，水波中有两只怪兽相向追逐一条鱼，鱼尾甩出水面。在壶的颈部、腹部和足部，还有三周像珍珠一样凸起的连珠纹。其中，壶颈部与腹部相连处有 13 颗较大的圆珠，腹部与高圈足座相连处有 11 颗圆珠，高圈足座底部有多达 20 颗圆珠。这些圆珠组成的连珠纹使得鎏金银壶更加富丽堂皇。

也正是这三串连珠纹，透露出鎏金银壶的身世。当时，连珠纹是波斯萨珊王朝（224—651 年）非常流行的装饰工艺。波斯是伊朗的古称，鎏金银壶虽是一件波斯风格的器物，但原产地并不在伊朗境内，而是在波斯统治下的中亚粟特（中国古籍中称其为“粟特”）地区。

巴克特里亚地区位于今天的阿姆河和锡尔河流域，鎏金银壶壶柄上的那个胡人形象，具有典型的巴克特里亚人特征。鎏金银壶是萨珊王朝的酒具，巴克特里亚人在制作这件酒具时，既继承了萨珊王朝的金银器风格，又加入了自己的特色，使鎏金银壶的造型更加独特。

鎏金银壶身上的古希腊神话

鎏金银壶最吸引人的地方，莫过于壶腹部的希腊人物和希腊神话故事。下面，就让我们来看看，鎏金银壶身上讲了哪些古希腊神话。

鎏金银壶腹部一共有6个浮雕人物图像，它们又可以分为3组，在每组人物图像中，都各有一对男女。

在第一组图像中，一女一男相对而立。左侧的妙龄女子侧身站立，右侧的男子身着短袖衣裤，披着斗篷，腹前的右手里还拿着一样菱形状的东西，似乎要将它交给女子。

这幅图像讲的是著名的“帕里斯裁判”的故事。图中的男子就是帕里斯，女子是阿芙洛狄忒，她还有一个流传更广的罗马名字——维纳斯。

在古希腊神话中，天神赫拉、智慧女神雅典娜和爱神阿芙洛狄忒是三位美貌的女神。和许多年轻貌美的女性一样，三位女神为了“谁是最美丽的女神”而争论不休。众神之王宙斯决定，交给特洛伊国王的儿子帕里斯一个刻

北周鎏金银壶壶身上的第一组图案

有“献给最美丽的女神”的金苹果，他觉得是谁最美女神，就把金苹果送给谁。

帕里斯王子在战场上英勇无畏，却怎么也选不出三位女神谁最美，因为三位女神都太美了。后来，阿芙洛狄忒暗中许诺，如果帕里斯把苹果交给自己，自己就将天下最艳丽的女人海伦送给他。最后，帕里斯将金苹果献给了阿芙洛狄忒，第一组图案表现的就是这个内容。

第二组图像中，左侧的男子束发带盔，身着短袖衣裤，右手持盾，左手执矛；右侧的女子束发，身着衣裙，披着斗篷，转身回顾男子，左手拿着一样东西，右手指向自己。

这组图像的故事接着第一组。阿芙洛狄忒获得金苹果后，协助帕里斯找到了海伦。海伦本来是斯巴达国王墨涅拉俄斯的王后，结果“一见帕里斯误终生”，趁着墨涅拉俄斯离开王宫之际，她竟然带上珠宝首饰与帕里斯私奔到特洛伊城。墨涅拉俄斯怒火中烧，带领希腊联军远征特洛伊。这场战争长达十年，最后希腊联军用著名的“木马计”才攻陷城池。第二组图像，描绘的正是海伦追随帕里斯私奔的情景。

最后一组图中，右侧的男子肩披斗篷，赤身裸体，左手握住女子右腕，右手伸出两只指头，托起女子的下颌。女子长发束带，身着衣裙。这幅图像的故事发生在特洛伊战争结束之时，墨涅拉俄斯进入特洛伊城，找到海伦。他原本想杀死海伦，终因下不去手，最终选择了原谅。

鎏金银壶的这三组图像，堪称古希腊特洛伊神话的连环画。图像中的人物，无论是形象还是着装，全部是古希腊风格。

中国出土 + 中亚工匠 + 波斯器物 + 希腊故事

那么，一件巴克特里亚人制作的萨珊波斯风的银瓶，为什么要刻上古希腊神话呢？

北周鎏金银壶壶身上的第二组图案

有的学者认为，萨珊王朝常年与罗马帝国交战，俘获过不少罗马工匠，描绘古希腊神话故事的银瓶最初可能就是由他们带入波斯的。后来，这种银瓶的风格不断本土化，由此便形成萨珊波斯、巴克特里亚和古希腊风格融为一体的鎏金银壶。

也有人认为，早在公元前，亚历山大大帝和他的继承者们就曾统治过波斯和巴克特里亚，古希腊的文化在这些地区广为传播，史称“希腊化时代”。早在这一时期，波斯和中亚的艺术品就已深深打上了古希腊元素的烙印。

总而言之，鎏金银壶是波斯、中亚、罗马三大地区相互交流、相互影响的结果。后来，它又沿着丝绸之路来到中国。

当时，萨珊王朝与我国北周政权之间的商贸往来十分频繁，位于今天固原的原州地处丝绸之路的要冲，商旅云集、交通便利，大量西域商品从这里流入中原。出身北周名门望族的李贤夫妇，便是利用这种便利将包括鎏金银壶在内的萨珊波斯工艺品收入囊中。鎏金银壶是中外历史文化交流的见证，是丝绸之路商贸频繁的缩影。

一件小瓶，改变了中国人的饮酒习惯

像鎏金银壶这样的金银器，在中国古代文献中有一个专门的名称——胡瓶。

中国人最早知道胡瓶，大概是在西晋末年。当时，割据凉州的张轨控制着丝绸之路的咽喉要道。据史书记载，来自西域的胡人曾向张轨进献过两件金制的胡瓶，这对胡瓶是拜占庭帝国的工匠制作的，形状奇异，有一人高。考古发现的最早的胡瓶，是十六国时期的；而到了南北朝隋唐之时，胡瓶已在中原大地相当流行了。胡瓶的异域风情深深拓展了中原民族的艺术想象力，人们以赞赏的口吻将其形容为“奇状”。

在胡瓶传入中原以前，中原地区的瓶子已经有了自己的特定形式——侈口、细颈、鼓腹、圈足。人们日常用这些瓶子取水、洒水，但并不用它们饮酒。盛酒、饮酒有专门的器具，不用瓶子。

而在西方，胡瓶是用来装饮品的，特别用来装奶、葡萄酒等。正因如此，胡瓶才有单把环柄、细长如喙、环足稳定的特点。胡瓶传入中国后，不仅人们的审美情趣受到波斯风、希腊风、中亚风的影响，连喝酒也开始使用胡瓶。一件小小的瓶子，通过丝绸之路丰富了一个古老文明的审美情趣，改变了一个古老民族的生活方式，这便是文化交融的巨大影响力。

叁

西域文化大融合 隋代嵌珍珠宝石金项链

【国宝档案】

名称：隋代嵌珍珠宝石金项链

年代：隋代，581—618 年

规格：周径 43 厘米，重 91.25 克

材质：金

出土时间：1957 年

出土地：位于今陕西省西安市梁家庄李静训墓

收藏地：中国国家博物馆

极尽荣华的艺术精品

1957 年 8 月，中国社科院考古研究所的考古工作者在西安玉祥门外的梁家庄附近，发掘了一座隋代的墓葬。墓室正中有一座极为精美的石棺椁，棺椁放置着陶屋、陶灶、陶罐、陶井、陶牛、木马、瓷器、镇墓兽和陶俑等各种各样的陪葬品。

墓主人是一个只有 9 岁的小女孩，名叫李静训。她头朝南，双手抱胸，静静地躺在石棺里。小女孩的身上穿着丝、麻织成的精美衣服，手腕上戴着金手镯，手指上戴着金戒指和银戒指。在她身体周围堆满了金杯、银杯、银筷、银调羹、玉环、骨梳、玛瑙串、波斯银币、琥珀饰品、铜镜等大量珍贵物品。这些饰物把小女孩儿浑身上下装扮得珠光宝气，正如其志铭上所说："戒珠共明并曜，意花与香佩俱芬。"

这样奢华的墓葬，令考古工作者大为震惊；更让他们感到震撼的是，小

女孩脖子上的那条嵌珍珠宝石金项链。

先来看嵌珍珠宝石金项链的链身。项链周径 43 厘米，链身由 28 颗直径 1 厘米的金质球形链珠组成；每个球形链珠均由 12 个小金环焊接而成，每个小金环上焊着一圈小金珠和 5 颗大金珠，链珠上又镶嵌着 10 颗珍珠，最后用多股金丝编制的索链将它们连接成串。

再看项链上端的扣钮。扣钮正中为圆形，镶嵌着一颗凹刻着大角鹿的青金石。

项链的下端居中为一个大圆金饰，其上镶嵌着一块晶莹鲜艳的红宝石。围绕着红宝石，又嵌着 24 颗珍珠。在大圆金饰的两侧嵌有青金石和围成一圈的珍珠装饰。在大圆金饰的下方，垂挂着一块心形金饰，上面镶嵌着一块长达 3.1 厘米、极为罕见的青金石。

璀璨的黄金、宝蓝的青金石、鲜红的宝石、洁白的珍珠，彼此交相辉映，显得格外雍容华贵。且不说工艺，仅是这番鲜艳夺目就足以让这串项链成为举世无双的艺术精品。

集西域文化之大成

不过，嵌珍珠宝石金项链令人眼前一亮的，可不仅仅是它的璀璨夺目。它融合了各种西域文化和工艺，这种集大成于一身的艺术成就才真的令人叹为观止。

首先要说的是“十二面珠”工艺。嵌珍珠宝石金项链的每个金质球形链珠，都是由 12 个小金环焊接而成。这种工艺，国外称为“十二面珠”，在今天的越南南部及巴基斯坦等地，都有发现过。西方学者认为，这是一种极为古老的工艺技术，甚至可以上溯到两河流域的美索不达米亚文明。

公元前 27 世纪，苏美尔人在美索不达米亚的乌尔城建立起乌尔第一王朝，金珠工艺技术也随之诞生。这项技术的历史甚至比我国的夏朝还要悠久。后

广州西汉南越王墓出土的金泡，采用了金珠工艺技术（南越王博物馆藏）

来，金珠工艺逐渐在古希腊的克里特、古波斯、古埃及等地流行起来；到了公元前 4 世纪，这项工艺技术又随着亚历山大大帝东征，流传到印度地区。

大约在战国时期，金珠工艺传入我国北方。到了西汉，中国的工匠已经掌握了金珠工艺，能够独立将自然的金子加工成细小的金珠。东汉时，我国金珠工艺逐渐成熟，至隋唐时发展至鼎盛阶段。

接下来要说的是凹雕大角鹿的青金石。在嵌珍珠宝石金项链上，镶嵌着数颗青金石，其中一颗还凹雕着大角鹿的形象。青金石并不产于中国，而是古代阿富汗巴达克山的特产宝石。在青金石上凹雕一只大角鹿，类似的宝石在巴基斯坦出土了 3 件，时间都是公元前 4 世纪。和金珠工艺一样，凹雕技法也源于两河流域，后又传播到波斯，进而在整个欧亚大草原上流行开来。在那里，草原民族不仅在宝石上凹雕大角鹿，还将雕刻的范围扩大到青铜器、金银器；凹雕的形象除了鹿，还有虎、狼等草原上的动物。

最后来看项链的设计。在嵌珍珠宝石金项链的下端，正中垂挂的水滴形装饰，也体现出一种不同于中原传统项链的风格。类似的设计理念，在我国的新疆维吾尔自治区，以及印度、阿富汗等国均有出土。

从青金石的产地，到金珠的制作工艺，再到项链的设计风格，嵌珍珠宝石金项链融合了西亚、南亚和古希腊的各种元素，透露出强烈的中外文化交流的信息。有学者据此认为，嵌珍珠宝石金项链可能制造于不同文化的交融地带，也就是巴基斯坦或阿富汗地区。

饰品折射的中西文化交流

在李静训的墓葬中，除了这串嵌珍珠宝石金项链外，还有不少异域珍宝。比如波斯萨珊银币，当然是来自波斯的萨珊王朝；还有一件金银高足杯，属

李静训墓中出土的嵌珍珠宝石金手镯（中国国家博物馆藏）

于罗马拜占庭传统造型，很可能来自更加遥远的欧洲。

我们在前面还提到过，在李静训手腕上，戴着一对嵌珍珠宝石金手镯。这对精巧的纯金椭圆形手镯长径 7 厘米、短径 5.5 厘米。每个手镯都分为 4 节，在节的两端镶嵌着透明无色、半球形的珠子；各节连接的地方，镶嵌着青绿色玻璃珠。手镯的开口处为钮饰，可以自由开合。钮饰的一端为花瓣形扣环，上面镶嵌着 6 颗小珠子；另一端做成钩子状，在钩子的末端也镶嵌着一颗珠子。嵌珍珠宝石金手镯的风格，与嵌珍珠宝石金项链非常相似，可能来自中亚，也可能来自印度。

隋唐时期，经济发达，文化繁荣，社会开放，中外交往异常频繁。嵌珍珠宝石金项链、嵌珍珠宝石金手镯和金银高足杯等金银器的产地在古代世界星罗棋布，正反映当时中国对外交流之广泛，为我们展现了当时那种开放的心态与兼容并包的气概。

奢华珍宝背后的眼泪

讲到这里，相信同学们始终有一个疑问：李静训到底是什么人，她的墓葬为何如此富丽堂皇、陪葬品如此包罗万象？

李静训，字小孩，亡故的时候还是天真烂漫的年龄。她的家世极为煊赫，曾祖父是前文介绍的鎏金银壶的主人、北周骠骑大将军、河西郡公李贤；祖父李崇是北朝名将，官至上柱国，曾随北周武帝宇文邕攻灭北齐，后又追随隋文帝杨坚打天下，战功赫赫，马革裹尸；父亲李敏受到隋文帝的恩宠，养育宫中。李静训母亲的家族也很了不得。其外祖父是北周宣帝宇文赟，外祖母是北周宣帝的皇后、隋文帝杨坚的女儿杨丽华，母亲自然就是北周的公主。

李静训出生时，北周早已灭亡。虽然她不再是北周的宗室贵胄，但仍是隋文帝的曾外孙女，不折不扣的金枝玉叶、帝胄王孙。李静训自幼由外祖母，也就是隋文帝的女儿杨丽华抚养，集万千宠爱于一身。只可惜，年方9岁便去世了。长辈们为她取表字“小孩”，足见白发人的悲切以及对她的无限怜爱。

大业四年（608年），李静训病逝于汾阳宫，杨丽华闻讯悲痛万分，伤心欲绝。连素以残暴著称的隋炀帝杨广，都对自己这位同胞姐妹生了恻隐之心，不断下诏，将李静训的遗体礼送还京。杨丽华崇信佛教，或许是在她的影响下，李静训得以厚葬于皇家寺院万善尼寺，并在坟墓上构起楼阁，又将无数奢华珍宝作为随葬品。

也许，那枚垂挂在嵌珍珠宝石金项链下端的水滴形装饰，正是杨丽华为心爱的外孙女流下的惋惜、悲痛与不舍的泪珠。

肆

从海底打捞起的海上丝绸之路 南宋“南海Ⅰ号”沉船

【国宝档案】

名称：南宋“南海Ⅰ号”沉船

年代：南宋，1127—1279年

规格：船体长30.4米，最宽处9.8米，船身（不算桅杆）高约4米，排水量估计可达600吨，载重可能近800吨

材质：马尾松和杉木

出土时间：2007年

出土地：位于今广东省阳江市海域

收藏地：广东海上丝绸之路博物馆

南宋“南海Ⅰ号”沉船复原模型（广东海上丝绸之路博物馆藏）

打捞出的水下国宝级文物

当我们聊起文物时，同学们会想到什么？彩陶青瓷、钟鼎彝器？龟甲兽骨、竹简古籍？金印玉玺、金戈铁马？《兰亭集序》《清明上河图》？秦陵兵马俑、故宫紫禁城？……大家有没有想过，有一天，从茫茫大海里打捞起一艘沉船，船体及船舱里的金银珠宝，一夜之间都成了国宝级的文物？

2007 年，在我国广东省阳江市海域，真的打捞起这样一艘沉船。它的名字不叫"泰坦尼克号"，而叫"南海 I 号"！

1987 年 8 月，广州救捞局与英国海洋探测打捞公司合作，在广东省阳江市海域寻找一艘东印度公司的沉船。连日的搜寻一无所获，正当大家沮丧地打算打道回府时，竟然意外发现在海面 23 米以下，有一艘身份不明的古代沉船。他们甚至从船中打捞起 200 多件瓷器。

一石激起千层浪。因为沉船所处的海域，恰恰就在我国古代海上丝绸之路的航线上。1989 年，经国务院批准成立的中国历史博物馆水下考古学研究室（今中国国家博物馆水下考古学研究中心），与日本水中考古研究所合作，对古沉船进行调查，并将它正式命名为"南海 I 号"。在此后的近二十年里，我国的水下考古学工作者对沉船进行了多次挖掘，但因技术原因，以及打捞方案的争议较大，"南海 I 号"迟迟未被打捞，仍在海底沉睡。

在这二十年里，考古工作者已经对"南海 I 号"有了一定认识，确定这是一艘南宋时期的大型木质古船，且船体保存较好，是南中国海海域发现的保存最为完整的宋代沉船。为了不进一步破坏沉船，专家们最终决定不惜重金采取整体打捞的方案。2007 年 12 月，"南海 I 号"被成功地整体打捞出水，安置在专门为其量身打造的广东海上丝绸之路博物馆的一座"水晶宫"内。为了保护"南海 I 号"，专家们还在"水晶宫"里注入了与打捞海域同质、同温的海水，为"南海 I 号"构建起一个与此前相同、可控的存放环境，为进一步的挖掘、研究创造了极佳的工作条件。

2015 年底暴露的沉船基本轮廓及各船舱货物

“南海Ⅰ号”的打捞，不仅成功弥补了我国水下考古和水下考古学的一片空白，更为我们提供了一个了解八百年前海上丝绸之路繁荣景象的真实窗口。

郑和宝船的前身

“南海Ⅰ号”是迄今为止世界上发现的海上沉船中年代最早、船体最大、保存最完整的远洋贸易商船。它是一艘尖头船，残存的船体长约 22.1 米，最大船宽约 9.35 米。而船体的实际长度为 30.4 米，最宽处应为 9.8 米，船身（不算桅杆）高约 4 米，排水量估计可达 600 吨，载重可能近 800 吨。这是一艘相当巨大的木船。

通过对“南海Ⅰ号”船体残块的木材检测，专家们已经知道，制造这艘木船的木料是马尾松和杉木。马尾松是一种生长于长江流域及其他区域的亚热带针叶树，杉木也分布在我国长江流域和越南境内。由此看来，“南海Ⅰ号”很有可能是中国南方地区制造的一艘商船，甚至可能就是一种“福船”。

福船是我国古代最主要的船型之一，由于多在福建地区建造，因此得名。福船体型通常较大，首尖尾方两头翘，船尾呈马蹄形；船舷的侧面增加了护板，以增大强度。福船的船底是尖形的，这样的形状不仅吃水深，使船舶在海上航行时更加稳定；而且更容易改变航向。因而，尖形的船底更有利于福船乘风破浪、漂洋过海。部分福船的船首或船尾还设有首尖舱或尾尖舱，可以有效减轻船舶在航行时的摇摆幅度。福船通常使用百叶窗一样的木质船帆，这种船帆结实耐用，能使用多年而不必更换。福船还采用双舵设计，使得它在浅海和深海来去自如。

由于福船的长宽比较小、安全系数高、耐波性好、装货量大，到唐宋时期，福船已成为最适合在深海远航的船型。后来郑和下西洋时使用的巨型宝船，就是在福船的基础上改进而来的。说“南海Ⅰ号”是郑和宝船的前身，毫不为过。

在“南海Ⅰ号”上，人们还发现了一条花岗岩石条，专家推测，这应该是一条“压舱石”。所谓压舱石，是在船舶空置时用以稳定重心的石头。因为空船的整体重心在水面以上，特别容易翻船，所以人们就在空船时放上压舱石，防止翻船。用条石做压舱物，是福建沿海一带的传统做法。

学者们早年曾估计，“南海Ⅰ号”建造于南宋初年；不过近年来，也有学者认为，“南海Ⅰ号”其实是南宋中晚期的沉船。但无论如何，“南海Ⅰ号”是一艘南宋木船，这一点是公认的。

自带18万件国家级文物

毫无疑问，“南海Ⅰ号”古沉船本身就是一件价值连城的文物。这艘在海底沉睡了八百年的沉船，为中国古代造船工艺、航海技术以及木质文物长久保存的研究提供了实物标本。

除此之外，“南海Ⅰ号”上装载着数量众多的文物，其中不少文物非常精

宋德化窑青白釉印花四系罐（广东海上丝绸之路博物馆藏）

美，丝毫不亚于今天许多博物馆里珍藏的“国家宝藏”。2019 年 8 月，在打捞出水近十二年后，“南海Ⅰ号”舱内的货物才全部清理完毕，出水文物总数竟然超过 18 万件，堪称中国水下考古之最。

在 18 万件文物中，占比最大的莫过于陶瓷和铁器。海上丝绸之路素有“陶瓷之路”的别称，瓷器自然是“南海Ⅰ号”运输出口的大宗贸易商品。从“南海Ⅰ号”出水的瓷器汇集了南宋著名窑口的精品：江西景德镇的影青瓷、福建德化窑的青白瓷、福建的建窑黑釉、泉州磁灶窑及浙江龙泉的青瓷……随便拿出一件，如青白釉六方执壶、青白釉四系罐、青白釉印盒等，便是国家一、二级文物。

仅次于瓷器的大宗商品是铁器，其中最具代表性的竟然是铁锅。2007 年 4 月，水下考古工作人员在对“南海Ⅰ号”做整体打捞前的最后一次周围清理和探摸工作时，发现了大量铁锅。这些铁锅大多分层套叠，用篾片包扎后再盖上竹席，码放在瓷器上方，十分整齐。铁锅仍然保持着黑色，但因在海底待的时间过久，早就发生了氧化，还跟周围的物质发生了化学反应。结果，一口口铁锅就这样变成一坨坨凝结物。宋代的铁锅在海外非常受欢迎，这些铁锅可能生产于当时重要的冶铁中心——佛山。

与典雅别致的瓷器和颇具烟火气的铁锅相比，“南海 I 号”出水的金银器则是众多文物中最惹眼、最气派的一类，其中包括一只鎏金手镯、一对纯金手镯、一条鎏金腰带、一段金丝等。

鎏金手镯有成人中指粗，饭碗口大小，估计有 200 克重。手镯上装饰着几何图案和龙、云等花纹。可能因受到海水腐蚀，鎏金手镯的表面已略有剥落。纯金手镯有纸杯底大，截面呈方形，不封口，出水之后依然金光灿灿，

鎏金腰带（广东海上丝绸之路博物馆藏）

根本看不出来这是在海水里泡过整整八百年的古物。金丝有半米多长，毛线般粗，弹簧状卷曲，非常柔软。

最惹人眼的当属那条鎏金腰带，长 172 厘米，重 566 克。这条腰带呈麻花状，接口处有大量细致的花纹，形制独特，具有明显的波斯风格，可能是船主或船员所用。这也暗示着“南海Ⅰ号”与南亚或东南亚存在着密切的联系。如今，鎏金腰带已成为收藏“南海Ⅰ号”的广东海上丝绸之路博物馆的镇馆之宝。

在“南海Ⅰ号”沉船上，还出水了近两万枚铜钱，最早的是王莽时期的“货泉”，然后按照年代由远及近，依次是隋唐时期的“五铢”钱和“开元通宝”，后周的“周元通宝”、南唐的“唐国通宝”等五代十国钱币，接下来是占了铜钱绝大多数的北宋年号钱，最晚的则是南宋初年的“绍兴元宝”。除此之外，“南海Ⅰ号”出水了大量铜镜、漆器、玻璃器、石砚、石枕、石雕佛像、石雕观音坐像、银锭、动植物标本、船木等价值连城的文物。这些文物不仅是精美的艺术品，而且为我们了解南宋时期的对外贸易、经济发展提供了珍贵而真实的实物资料。

海上丝绸之路的全盛时代

南宋虽然疆宇局促，却由此开辟了海上丝绸之路最为繁荣的时代。

自张骞出使西域以来，通往西域的丝绸之路一直是中国对外贸易中最重要的商路。然而随着西夏的崛起，这条北方商路受到阻隔；南宋以后，我国经济重心南移，外贸经济的重心也转移到南方。在这样的背景下，依托东南沿海港口的海上丝绸之路兴起，宋代海上贸易空前繁荣。

宋代航海技术的领先和造船业的发达，为海上贸易提供了技术条件。早在宋徽宗崇宁年间（1102—1106 年），指南针就已经普遍应用于航海。随着远洋航海技术日趋成熟，人们开始绘制精确的航海图。宋代的造船业也在当时居于世界领先地位。宋代的远洋海船长达100米，载货达600吨，可承载五六百人。船上装有指南针，还设有横板区隔的密封舱；使用了称为“转轴”的桅杆，以应对海上的逆风恶浪。在两浙的明州（今浙江省宁波市）、温州、台州，福建的福州、漳州、泉州，广南的广州、雷州，均设有大型海船建造基地，尤以泉州建造的海船质量最好。“南海Ⅰ号”便是其中的佼佼者。

有了先进的航海技术和发达的造船业，加上宽松开放的环境，宋代海上贸易蓬勃发展起来。

宋朝在外贸港口设立市舶司或市舶务作为外贸管理部门。舶商、船主和船员在获得市舶机构颁发的许可证后，就可以合法出海从事海外贸易。民间舶商是从事海外贸易的主体，其中大商人能够独立置办大型海船；中小商人无力造船，就出钱购买海船上的空间（一般一人可得数尺见方的面积），将货物屯贮在船舱里，自己则睡在货物上，跟随海船扬帆远航。满载货物的海船进入宋朝的港口后，无论中外商人，都要按当地规定向市舶司缴纳10%或20%的税，或者以低价将大部分海外舶来品售卖给官府，官府再在境内销售，赚取丰厚的垄断利润。广州、泉州、明州是宋代的三大外贸港。南宋以后，泉州因港口条件好、接近政治中心，成为中国第一大港、海上丝绸之路的起点。

与宋代直接或间接贸易往来的国家或地区，从唐代的30余个增至60余个，包括位于今东亚的高丽（今朝鲜半岛）和日本，中南半岛的交阯（今越南北部）、占城（今越南中南部）、真腊（今柬埔寨）和暹罗（今泰国），马来群岛的摩逸（今菲律宾）、三佛齐（今苏门答腊）、渤泥（今加里曼丹），南亚的锡兰（今斯里兰卡），以及位于波斯湾、阿拉伯半岛、地中海和东非海岸的麻嘉（今沙特阿拉伯麦加）、层拔（今坦桑尼亚的桑给巴尔）等。

在海外贸易中，进口商品从北宋前期的50种，猛增至南宋时的300余种，包括香料、犀角、象牙、珊瑚、珍珠、药材、矿产、染料和木材；出口商品主要为丝麻织品、陶瓷器、铜器、金银饰品、漆器、茶叶等。其中，香料、绢帛和陶瓷是所有商品中的大宗，因此学者们把当时的海上商路称为“香料之路”、“海上丝绸之路”或“陶瓷之路”。

海外贸易使宋朝获得了巨额收入。为了管理对外贸易事务，宋朝设有专门的机构市舶司。宋高宗末年，市舶收入已高达200万贯，成为朝廷的一项重要财政收入。宋朝已是当时世界上重要的海上贸易国。

由于海外贸易繁荣，大量外国商人来到中国从事贸易，有些甚至携妻带子到中国居住。当时，人们习惯把这些外商称作“蕃客”。不少蕃客已经在港口城市安家落户，去世后就安葬在中国。在广州、杭州等地，都有专门安葬蕃客的墓地；泉州甚至有不少蕃客墓保留至今。他们的子孙也留在了中国。

伍

郑和下西洋打开的新局面 明永乐青花海水纹香炉

【国宝档案】

名称：明永乐青花海水纹香炉

年代：明代，明成祖永乐时期，1403—1424 年

规格：高 55.5 厘米，口径 37.3 厘米，足距 38 厘米

材质：瓷

收藏地：北京故宫博物院

永乐皇帝的大志

明成祖朱棣，年号永乐（1403—1424 年），是明朝 16 位皇帝中功绩最为显赫的。在位期间，他奋发有为、励精图治，迁都北京，亲征蒙古，修《永乐大典》，遣郑和下西洋，明朝国力达到全盛。本书最后要说的这件明永乐青花海水纹香炉，就是在这样一个波澜壮阔的大时代中烧造出来的。

这件青花海水纹香炉阔口、短颈、鼓腹；腹部下面为 3 个象腿形的足；肩上安置着两朝天耳。香炉内施以白釉，外壁通体描绘成海水江崖纹。青花海水纹香炉形体硕大，青花色泽浓艳、晕散明显，凝结的黑斑密布于海水江崖纹饰中。

明代正德年间，进士邵经邦所著的《弘艺录》中载：明成祖于奉天门上朝时，有一名内侍捧着一个着刻山河之形的香炉，安置在他的御榻前，还奏报说“安鼎了”。这里的“鼎”取的是“定”的谐音，“安鼎了”就是“安定了”。由于香炉模仿鼎也是三足，故而内侍有这样的说法。从这个故事可以看出，香炉本身就蕴含着天下大定的政治愿景；而海水江崖纹又由翻转的海

明永乐青花海水纹香炉

浪与山形组成，象征山水相依，守望相护。两相结合，可以看出明成祖当年烧造这件瓷器的深刻用意。因此，有人就将青花海水纹香炉别称为“一统江山鼎”。

青花海水纹香炉从器型、胎质、用料、做工等方面来综合研判，是永乐时期景德镇御窑厂的上乘之作；从其用料的珍贵程度和制作工艺的复杂程度来看，青花海水纹香炉已经达到当时制瓷工艺所能够达到的最高水平。应该说，能够烧造出这样气魄雄浑、纹饰精美的重型瓷器，反映出当时景德镇窑工高超的制瓷技艺，也彰显了永乐时期明朝强盛的国力。

据研究人员推测，永乐时期，青花海水纹香炉先后烧制了三件。其中一件藏于北京故宫博物院，一件藏于南京博物院，均被定为国家级文物。最后一件的遭遇颇为传奇。20 世纪 90 年代，有专业人士利用景德镇明代御窑厂窑址出土的瓷器碎片，修复出第三件青花海水纹香炉。这件修复后的香炉现珍藏于景德镇陶瓷考古研究所内。据研究人员推测，当年御窑厂先后烧制了三件款式相同的青花海水纹香炉，其中两件送入宫廷；另有一件因烧成后炉身变形，被工匠打碎，埋入地下。

风靡海内外的永乐青花

尽管在唐三彩中就出现过少部分蓝釉，但这种蓝色的釉彩在元代以前，始终没有发展成为中国瓷器的主流，看样子曾长期不为汉人所接受。

到了元代，景德镇烧制的青花瓷异军突起，特别是元代中后期，形成了相对成熟的元青花。不过，当时元青花的主要消费群体并非汉人。这些白地蓝花的元青花远销西亚和中东地区，有学者认为是为了适应当地的伊斯兰文化。

永乐时期，景德镇的青花瓷当然继承了元代青花瓷的主要色彩。不过，永乐青花瓷器在烧造成功后，颜色会特别浓艳，这就大大改变了明初洪武时

明永乐青花压手杯（北京故宫博物院藏）

期青花瓷器青花颜色灰暗的缺点，由此形成了独特的“永乐青花”。

永乐青花瓷是中国青花瓷史上的重要发展阶段，是中国瓷器发展史上的一个里程碑。永乐青花以其胎釉精细、青花色泽浓艳、造型多样和纹饰优美而负盛名。这种青花瓷风靡海内外，郑和下西洋时，曾带去了大量瓷器，其中自然包括永乐青花，而永乐青花以其特有的魅力，备受西方市场的青睐。

永乐青花还有一个特色，便是出现了像青花海水纹香炉那样的海水纹。这种纹饰在元代的青花瓷上并不难见到，但在永乐时期及其后的宣德时期，海水纹又有了进一步发展。

与元代青花瓷相比，青花海水纹香炉上的海水纹起伏相叠，波浪和浪花更大，这样一来，永乐青花海水纹的装饰性就远远超过了元青花，并逐渐有了“山水相依”的政治寓意。当然，在一件永乐时期的青花瓷上，出现这样波澜壮阔的海水纹，说不联想到郑和下西洋，那是不可能的。

“苏麻离青”的秘密

还有件有意思的事情，同学们可能根本想不到。烧造青花海水纹香炉的颜料，竟然全部是进口的。

在明代，烧制青花瓷的特色颜料主要有两种：一种叫“苏勃泥”或“苏泥勃”，是明宣德后期烧造青花瓷时使用的颜料；还有一种叫“苏麻离青”，原产于波斯，是元青花和永乐青花的颜料。

苏麻离青是一种高钴颜料，铁含量较高，锰含量较低，因此色泽和稳定性都要好于我国国产的颜料。在烧造瓷器时，苏麻离青能够自然形成黑铁斑和浓艳的青蓝色，二者相映成趣，成为永乐、宣德青花瓷器无法模仿的一大特色。可以说，没有苏麻离青，就没有永乐青花。

而苏麻离青的进口完全依赖于当时的海陆对外贸易。宋元时期，海外贸易十分发达，海上丝绸之路极为繁忙。然而，明朝建立后不久，明太祖朱元璋便宣布实行严厉的海禁，唐宋元以来中华文明开放包容的气魄发生剧变。不过，到了社会稳定、国力强盛的永乐时期，明成祖又恢复了积极的对外政策。

从永乐三年（1405 年）到宣德八年（1433 年），大明王朝先后七次派郑和率领船队出使“西洋”和“南洋”地区的各个国家。这不仅使得明初期中断的海外联系重新恢复起来，还使大明名扬海外。曾经停滞的海上贸易获得恢复，中国的茶叶、丝绸、瓷器等特产远销国外，同时也互通有无，进口货物中包括香料、药材、珍宝、五金、颜料、动物、食品等，竟有 185 种之多，其中就包括生产景德镇青花瓷的苏麻离青。

进口苏麻离青的另一条通道来自陆路。《明会典》和《明实录》中，常见西域少数民族沿陆路进贡苏麻离青，以供烧制御用青花瓷的记载。由此可见，没有海陆这两条中外交流的通道，就不会有色泽浓艳的明代永乐青花瓷。

青花瓷改变中国、改变世界

除了正常的商贸往来，明朝还有一种朝贡贸易。当时，亚洲的许多小国向明朝进贡自己的土特产，明朝收到贡品后会回赠金银等贵重物品。在这个过程中，明朝和进贡国完成了商品交换，所以叫“朝贡贸易”。

海外贸易和朝贡贸易一起，对中国的青花瓷制作产生了深远影响。

受西亚地区金属、陶器的影响，永乐时期烧制的瓷器有不少具有域外风格，如双系扁平大壶、如意耳扁瓶、水注、花浇、盘座、烛台等。在纹饰上，有的域外风格比较明显，如锦纹、卷枝纹、阿拉伯文字；有些则与中国传统纹饰融为一体，或完全采用中国传统纹饰。这种瓷器造型、装饰等艺术特色的相互融合与创新的艺术发展方式，是青花瓷文化交流的成果。

当然，永乐青花的这种变化，除了有审美情趣的相互影响外，还与贸易需求本身有关。那时，明朝廷与东南亚、南亚、中亚、西亚等地建构的海、陆朝贡贸易，共同构成了中国青花瓷在广大国家和地区完整的贸易圈。在郑和船队重振的“海上丝绸—陶瓷之路”上的 30 多个国家和地区，均有关于中国陶瓷的记载。特别是白地蓝花、素雅高洁的青花瓷器，可谓大放异彩、大受欢迎。为了满足这种需求，景德镇开足火力，加紧烧制瓷器，以供郑和船队。仅宣德八年郑和最后一次航海，景德镇就为郑和提供了 443500 件瓷器。

与此同时，陆上的瓷器交易也没有中断。景德镇的青花瓷由内河航运运到北京，那里设有接待各国贡使的会同馆。各国使臣来京，必买青花瓷，以至于明代中期，朝廷不得不规定每人限购“青花瓷器五十副”。

经由海陆两条丝绸之路，青花瓷大量流入西方。今天，在原奥斯曼土耳其帝国的首都伊斯坦布尔，设有一座托普卡帕皇宫博物馆，馆中保留着元、

阿德比尔寺旧藏明永乐青花留白龙纹盘（伊朗国家博物馆藏）

明、清时期的青瓷、青花瓷和彩瓷，共计 1 万多件。在伊朗，阿德比尔寺藏有明代青花瓷器 500 多件，其中包括一件 1 米高的青花大花瓶。15 世纪初，明代的青花瓷器一经传入欧洲，立刻引起轰动。甚至在 1498 年达・伽马开辟新航路时，一个重要的使命便是寻找瓷器。那时，欧洲、北非的君主们将明代的青花瓷器作为一种名贵的礼物彼此赠送。

在非洲，青花瓷甚至改变了普通人的生活方式。在坦桑尼亚的基尔瓦岛，穷人们曾挤在一起，用陶盆共同吃饭。到了 15 世纪，大量的中国瓷器输入基尔瓦岛，当地人才开始用自己的碗来吃饭。

青花瓷改变了中国，也改变了世界。而这一切都得益于以两条丝绸之路为重要通道的中西方贸易往来与文化交流。没有这种往来交流，明代的中国连用来制作青花瓷的苏麻离青都无从获得，更别提以永乐青花为代表的明代青花瓷畅销海外；没有这种往来交流，西方世界也无从获得来自东方的精致瓷器，甚至无从改变此前的审美情趣与生活方式。